Cordula Thönnes

Der Mops im Schafspelz

Cordula Thönnes

Der Mops im Schafspelz

Eine kleine Tiergeschichte

© 2013 Cordula Thönnes

Herstellung und Verlag:

BoD – Books on Demand, Norderstedt

Umschlagsgestaltung: Cordula Thönnes
Bilder: Merlin Yolanda Steinhausen, Rostock
ISBN: 9783732283637

Eine Katastrophe kündigt sich an

Einer der ersten warmen Tage neigte sich seinem Ende zu. Es war Mai, die Vorfreude auf den kommenden Sommer lag in der Luft. Die Sonne fing gerade an, sich von Mensch und Tier zu verabschieden, um dem großen, gelben Mond Platz zu machen. Stille senkte sich über den kleinen Teich, den man eigentlich nicht mehr „Teich" nennen durfte, da er über die Jahre hinweg immer kleiner und morastiger geworden war. Die Fische im Teich hatten Mühe, jeder ein nasses Plätzchen zum Schlafen zu finden.

„Hau ab, hier schlaf ich", blubberte Poseidon, der es sich unter einem Seerosenblatt gemütlich gemacht hatte.

„Ist ja schon gut, blas dich nur nicht so auf", kicherte Flosse zurück und musste über seinen eigenen Witz lachen.

Poseidon war nämlich ein ziemlich dicker Goldfisch, der ein bisschen wie mit der Luftpumpe aufgepumpt aussah.

„He, werd bloß nicht frech, Kleiner, sonst werde ich dir Flossen machen…"

„Versuchs doch", entgegnete Flosse und war mit ein paar flinken Flossenschlägen im dunklen Teichwasser verschwunden.

„Diese Jugend heutzutage", hörte man den alten Poseidon noch brummeln bevor sein wohliges

Schnarchen kleine Wellen in dem ansonsten stillen Wasser verursachte.

„Ah, Poseidon ist schon eingeschlafen", deutete Mr.Fred, der Mops, die Wellen im Teich richtig. Der kleine Hund wohnte in dem Haus, das zu dem schäbigen Gartenteich gehörte.

„Guten Abend Maria", grüßte er nun höflich die voluminöse Fröschin, die sich dekorativ auf ein Seerosenblatt gesetzt hatte, um gleich mit ihrem Chor den Froschgesang anzustimmen.

Maria Quarkwass war eine begnadete Sängerin und ihre Konzerte wurden mit jedem Sommer, der ins Land zog, besser besucht. Seit letztem Jahr blieben die Zuhörer leider mehr und mehr aus, weil der alte Teich unangenehme Gerüche verströmte und das Unkraut am Ufer gar nicht mehr an die gepflegten Blumen erinnerte, die hier einmal wuchsen.

„Wenn hier nicht bald was passiert, wird es für die Tiere im Teich eng werden," sinnierte Mr.Fred.

Er setzte seinen allabendlichen Kontrollgang fort. Hin und wieder hob er sein Beinchen, um wichtige Nachrichten zu hinterlassen, aber er konnte sich heute überhaupt nicht auf seine Runde konzentrieren. Sein Blick wurde immer wieder magisch von dem alten Teich angezogen. Irgendetwas ließ ihm keine Ruhe. Da war etwas anders als sonst. Tatsächlich, durch die Stille Abenddämmerung drang ein schlürfendes, gurgelndes Geräusch an sein Ohr. Ja, das kam eindeutig aus Richtung Teich!

„Maria, hörst du das auch? Was mag das sein?"

„Ungebildeter Mops, verflixter! Was soll das schon sein? Ich singe mich ein! Wie kannst du es wagen, meine Stimmübungen zu unterbrechen. Weißt du, wie lange ich mich einsingen muss, bevor mein Konzert beginnen kann? Ich werde es dir einmal erklären..."

Eine Tirade ergoss sich über Mr.Fred und wäre er nicht ein Mops gewesen, hätte er dagestanden wie ein begossener Pudel!

„Aber ich meinte doch gar nicht..." setzte er zur Erklärung an.

„Papperlapapp", entrüstete sich noch einmal Maria, um dann keine weitere Notiz von ihm zu nehmen.

Ihr Gequake erfüllte wieder die Abendluft und Mr.Fred wandte sich resigniert ab.

„Künstler sind eben immer etwas extravagant, aber singen kann sie wirklich!"

Er hob seinen Kopf, um dem seltsamen Gurgeln noch einmal nach zu gehen. Aber der Chorgesang der Frösche, die mittlerweile in Marias Übungen eingestimmt hatten, übertönten alle anderen Geräusche in der Umgebung.

Mr.Fred lief noch einmal rund um den Teich in der Hoffnung, doch etwas entdecken zu können. Das Licht wurde immer schwächer, auch für den Mops, der eigentlich auch im Dunkeln recht gut sehen konnte, wurde es schwer, etwas im Wasser zu erkennen.

Aber da – gerade machten die Frösche Pause und ließen sich ein paar Mücken schmecken – hörte er es wieder!

Ein schmatzendes Geräusch drang aus dem Wasser. Hier! Genau an dieser Stelle, wo das Ufer steiniger war als an der gegenüberliegenden, blumigen Seite. Mr. Fred sah genauer hin. Bildete sich da nicht sogar ein kleiner Strudel?

Der Teich war mit der Regenwasserzisterne verbunden. Früher einmal wurde das Wasser einmal im Jahr abgelassen und erneuert. Seit das Haus aber den neuen Bewohnern gehörte, war in dieser Richtung nichts mehr unternommen worden. Mit der Zeit wurde also aus dem schönen Teich ein muffiger Tümpel. Der Ablauf wurde daher auch nicht mehr kontrolliert und war schließlich undicht geworden.

„Heiliger Franz von Assisi, steh uns bei!" Mr.Fred machte auf dem Absatz kehrt und fegte laut bellend in Richtung Terrasse.

Poseidon

„Ja, Freddelchen, was ist denn los?" begrüßte ihn sein Frauchen Amelie an der Terrassentür. Er hasste es, wenn sie „Freddelchen" sagte!

„Das ist ja mal wieder typisch Mensch!" dachte Mr. Fred. „Höchste Alarmstufe und die raffen es nicht."

Unverdrossen bellte er weiter und lief dabei abwechselnd Richtung Teich und wieder zu seinem Frauchen zurück.

„Du sollst mir folgen, mein Dosenöffner, komm mit…"

„Mr.Fred, jetzt benimm dich mal, du alarmierst ja die ganze Nachbarschaft", gab Amelie schmunzelnd zu bedenken.

Der Mops entschied sich, seine Taktik zu ändern und steuerte geradewegs auf das Wasser zu und ließ sich hinein plumpsen! Ihh, war das kalt, aber seine Rechnung ging auf. Sein Frauchen kam in Windeseile und laut schimpfend auf ihn zu.

„Mr.Fred! Das geht aber doch nun eindeutig zu weit! Für ein Bad ist es doch echt noch zu kalt, komm raus! Was ist denn in dich gefahren? Dass du frech und ungezogen bist, das wissen wir ja, aber auch noch töricht….."

In ihrer Stimme klang ein verhaltenes Lachen mit, an dem der kleine Hund merkte, dass sein Frauchen gar nicht so böse war, wie sie vorgab. Trotzdem hatte ihn sein Manöver keinen Schritt weitergebracht.

Amelie stand einfach da und schaute ihm zu. Er watete einige Schritte durch das aufgewühlte Wasser. An seinen Beinen bemerkte er plötzlich ein beharrliches Zupfen und Ziehen. Durch die trübe Oberfläche sah er Poseidon, der aufgebracht versuchte, den Hund aus dem Teich zu scheuchen.

„Raussss, bluubbs, mach das du fortkommst, elender Störenfried", grummelte der alte Goldfisch. Ungeachtet der Nörgelei näherte sich Mr. Fred dem defekten Ablauf.

„Poseidon, hörst du es nicht auch gluckern? Ich glaube, der Teich verschwindet."

„Meine Güte, Mops, hast du in deinem platten Schädel denn nichts als Stroh drin? Wie soll denn ein ganzer Teich verschwinden?"

Der kleine Hund beschloss, auch diese unflätige Bemerkung Poseidons einfach zu übergehen. Der Fisch war manchmal sehr ruppig in seiner Art, aber vom Grunde her doch ein gütiger und weiser alter Herr.

Er hatte Mr. Fred viel aus seinem Leben erzählt, erinnerte er sich. Im großen Weiher vor der Stadt war der Goldfisch geboren, wurde aber von spielenden Kindern herausgefischt und verlor somit seine gesamte Familie. Die Kinder Leon und Lilly steckten ihn in eine Plastiktüte und trugen ihn, wie es ihm schien, ewig mit sich herum. Ihm wurde ganz übel von dem Geschaukel. Voller Hoffnung betete er zu Poseidon, dem Gott der Meere, er möge ihm helfen.

Die Hilfe des Meeresgottes bestand nun allerdings darin, dass die Kinder den kleinen Goldfisch in ein kleines Glas umtopften und ihn dort vergaßen.

Erst als die hauseigenen Katzen Tequila und Sunrise sich daran machten, den kleinen, bis auf die Gräten abgemagerten Fisch als Appetithäppchen zu vertilgen, wurde er im wahrsten Sinne des Wortes an die Luft gesetzt.

Ein lautes Klirren verkündete das Zerbrechen des Glases und das war Poseidons Glück. Denn wäre sein gläsernes Gefängnis auf Teppichboden gefallen, hätte niemand Notiz von den beiden jagenden Katzen genommen.

So aber stürzte gleich darauf eine junge Frau auf Tequila und Sunrise zu und schimpfte laut: „Ja, was macht ihr denn da schon wieder? Raus mit euch, aber schnell, ich hab doch gerade erst alles saubergemacht, Mann-o-Mann, diese blöden Viecher!"

Mit einem Besen in der Hand hatte sie die beiden kleinen Tiger verscheucht und wäre dabei fast auf den sterbenden Fisch getreten, der nur noch leicht zuckend auf den weißen Fliesen lag.

„Wasser, Wasser..." wollte er sagen, aber sein Blubbermund konnte keinen Ton mehr herausbringen. Es hätte ihm auch nichts genützt, denn die beiden Katzen waren blitzschnell nach draußen geflüchtet und der Mensch hätte ihn ohnehin nicht verstanden.

„Ihhh, da liegt ja der Fisch, igittigitt, das ist ja ekelhaft", entsetzt quiekte die Frau auf und lief weg.

„Das ist jetzt endgültig mein Ende", dachte Poseidon und hörte auf, sich zu bewegen.

Ihm wurde schwarz vor Augen, die Welt um ihn herum schwankte, nur von Ferne nahm er wahr, dass jemand ihn auf eine Schaufel legte und davon trug. Leon und Lilly waren von der Mutter gerufen und beauftragt worden, den Fisch in der Toilette zu entsorgen - so hatte sie wortwörtlich gesagt.

„Mach mal den Klodeckel auf, Lilly."

„Bin ja schon dabei."

„So, und nun geht die Achterbahn los."

Die Schaufel bewegte sich abwärts, Poseidon rutschte hilflos Richtung Closchüssel, da rief Leon plötzlich:

„Mensch Lilly, guck mal, ich glaub der lebt noch." Er stupste den Fisch an.

„Zeig mal, ich will auch gucken."

Lilly drängelte sich neben Leon und schob ihn unsanft zur Seite.

„Los, er ist vielleicht noch zu retten, hol ein Glas Wasser, da tun wir ihn erst mal rein."

„Immer muss ich laufen", meckerte Lilly. „Geh du doch."

„Es geht um Leben und Tod – renn!" schimpfte Leon.

„Ich nehm den Zahnputzbecher hier", sagte Lilly, füllte schnurstracks Wasser hinein und hielt ihn Leon hin, „ab mit dir, mal schauen, ob da noch Leben drin ist."

Poseidon glitt in den Becher und japste nach Luft. Oh wie gut das tat, das kühle Nass um sich zu spüren, die Luft zu atmen und sich zu bewegen! Seine Flossen bewegten sich immer geschmeidiger, langsam kehrten seine Lebensgeister zurück.

Was würde nun wieder mit ihm geschehen? Würden die Kinder ihn wieder auf den Schrank stellen und vergessen?

„Haaaallo, jemand zu Hause?" brachte Mr.Fred Poseidons Stimme in die Wirklichkeit zurück. „Ich hab dich was gefragt."

„Was, wie? Ah ja, aber wie soll ein ganzer Teich verschwinden?"

„Ach Fisch, nimm doch nicht immer alles so obergenau. Ich meine nicht alles, sondern nur das Wasser! Ich glaube, der Teich läuft leer. Da gibt es ein Leck und mein Frauchen schnallt die Lage nicht. Ich wollte ihr die undichte Stelle im Wasser zeigen, aber sie hat gedacht, ich will mal wieder Unsinn machen."

„Wen wundert´s, Mops? Du hast doch fast den ganzen Tag nur Unsinn im Sinn. Brauchst dich ja auch um nichts anderes als dich selbst und deinen Spaß zu kümmern, du Glückspilz."

„Ich will mich aber gerne um etwas anderes als meinen Spaß kümmern, mich lässt ja nur keiner. Und wenn ich dann so eine wichtige Entdeckung mache, wird es nicht ernst genommen."

„Wenn man jahrelang nur ein Kuscheltier für die Menschen war, wird man nun einmal nicht für voll genommen, Mr.Fred. Du musst dir den Respekt eben erst verdienen. – Ich werd mal kurz nachschauen, was dort im Wasser passiert, warte hier!" Sprach´s und verschwand mit kräftigen Flossenschlägen zum Teichgrund.

Unterdessen drang die ungeduldige Stimme Amelies durch den immer dunkler werdenden Abend: „Jetzt ist´s aber langsam gut, Fred, komm endlich rein, ich muss dich auch noch abtrocknen, du erkältest dich ja!"

Ein leises, verächtliches Lachen ließ Mr.Fred seinen Kopf nach links drehen. Dort saß der gesamte Froschchor grinsend bis über beide Froschbacken.

Auch verschiedene andere Tiere, deren zu Hause der Teich und der anliegende Garten waren, waren mittlerweile hinzugekommen. Sie hatten der Unterhaltung bis jetzt stillschweigend zugehört.

„Los Kleiner, schnell rein zu Mutti, damit du nicht erfrierst", frotzelten die Frösche.

„Haltet doch euer Froschmaul", gab Mr.Fred gekränkt zurück. Gut, dass er nicht rot werden konnte, sonst hätte sein Kopf nämlich bestimmt einer Ampel auf Rot geglichen!

„Hey, sei doch nicht gleich so eingeschnappt", ließ sich der Chor im Chor vernehmen. Bevor er zu einer Antwort ansetzen konnte, erschien Poseidon an der Oberfläche und blubberte aufgeregt drauflos:

„Tatsächlich, du hast recht, das Wasser – es läuft ab, mein Gott, wenn nicht ganz schnell was passiert, ist es um uns alle geschehen!"

„So, hab ich dich endlich erwischt!", Amelie tauchte urplötzlich auf, „damit hast du jetzt nicht gerechnet, oder Freddelchen?"- Er hasste es, wenn sie das sagte!

Leise hatte sich sein Frauchen von hinten herangepirscht. Mit schnellem Griff packte Ami den Mops. Wie ein nasser Sack hing er nun in ihrem Arm und musste hilflos mit ansehen, wie die Tiere des Teiches plötzlich erschrocken von Poseidon zu ihm schauten. Das Lachen war ihnen ob dieser furchtbaren Neuigkeit vergangen! Schnurstracks wurde der kleine Hund ins Haus getragen, die Türen hinter ihm geschlossen. Er konnte nichts mehr für die Tiere im Wasser tun!

Bestandsaufnahme

Vom geöffneten Fenster her hörte er die aufgeregten Stimmen der Frösche.

Schnell gesellten sich einige andere Gartenbewohner dazu.

Die Eichhörnchenbrüder Nuss und Knacker aus dem Apfelbaum, der Igel Boskoop (weil er am liebsten Äpfel aß!) vom Komposthaufen, die zwei schwarzen, immer zum Raufen aufgelegten Krähen und die kleinen, frechen Spatzen, die lauthals durcheinander zwitscherten.

„Hörst du das?" fragte Amelie ihren Freund. „Komisch, es ist doch Abend und schon dunkel, da singen doch die Vögel eigentlich gar nicht mehr."

„Hmhm", murmelte Jan und widmete sich wieder seinem Computerspiel.

Seufzend wandte sie sich ab, um Mr. Fred sein Fressen zu geben. Sie wunderte sich, dass er gar nicht wie sonst üblich vor ihr herumtanzte und quiekte, wenn es Fressen gab. Stattdessen saß er unter dem Fenster und schien nach draußen zu lauschen.

Die frische Frühlingsluft trug nun nicht nur das Gezwitscher der Spatzen ins Haus, sondern auch das ohrenbetäubende Gequake der Frösche. Um den Lärm zu vervollständigen, stimmte nun auch der Hund ein langgezogenes Heulen an.

„Ja, bin ich blöd? Jan, nun sag doch auch mal was. Ich glaub, wir haben hier ein paar durchgedrehte Tiere im Garten und eines im Haus."

Mit dem Zeigefinger und einem bedeutungsvollen Augenverdrehen zeigte Amelie auf den kleinen Mops.

„Kann man denn nicht einmal hier seine Ruhe haben? Wie im Irrenhaus!" beschwerte sich Jan, stand aber dennoch seufzend vom Sofa auf, um auch einen Blick in den Garten zu werfen. „Schalt doch mal die Teichstrahler an, Ami, so können wir nichts sehen."

Als das Licht den Gartenteich plötzlich taghell erleuchtete, verstummten alle Tiere reflexartig.

Dem vorangegangen Lärm machte eine gespenstische Stille Platz. Geblendet und geschockt von dem hellen Licht, saßen Frösche, Vögel, Eichhörnchen, Igel und Mäuse rund um den Teich und starrten wie gebannt auf eine Stelle im Wasser.

„Hebt mich hoch, hebt mich hoch", bellte Mr.Fred aufgeregt. Aber natürlich verstanden ihn seine Menschen nicht.

„Kneif mich mal, ich glaub ich träume!"

Ungläubig blickte Jan Amelie an.

„Was hat das zu bedeuten?"

„Ich weiß auch nicht, aber unser Mopsi hat sich eben draußen auch schon so merkwürdig benommen, bellte und bellte und ließ sich so gar nicht beruhigen."

Wie auf Kommando ertönte erneut Mr.Freds Bellen gepaart mit einem ordentlichen Geschepper, dass von einem herunter purzelnden Blumentopf herrührte, den der Hund beim Sprung auf die Fensterbank elegant auf die Fliesen beförderte.

„Siehst du, schon wieder macht er so einen Quatsch, ich werd echt irre. Das darf doch alles nicht wahr sein!"

„Komm, Ami, wir gehen mal raus und schauen was los ist. Vielleicht ist da ja ein Fuchs oder so. Mr.Fred gibt ja eh keine Ruhe."

Zusätzlich mit einer Stabtaschenlampe bewaffnet betraten Jan und Amelie den Garten. Die Tiere waren blitzschnell verschwunden, als sie die Menschen bemerkten. Hinter ihnen quetschte sich Mr.Fred aus der Tür.

„Hier lang, ihr Zwei, hier lang."

Wieder hatte er in seinem Eifer vergessen, dass seine Menschen ihn nicht verstehen konnten. Aber wie sollte er ihnen sonst klarmachen, was passiert war?

Er rannte zum Teich, blieb an der undichten Stelle stehen und hob seine Pfötchen, um seinem Herrchen so ein Zeichen zu geben.

„Guck mal, Mr.Fred macht „ZEIGEN", wie in diesem einen Film, wie hieß er noch gleich....", lachte sich Jan kaputt.

„Mann, genau, Jan, das ist es!! Er will uns vielleicht echt etwas zeigen!"

„Ja, Ami, ja, ich will euch was zeigen! Die Menschenweibchen sind eben doch schlauer, als so mancher Menschenrüde denkt. Komm bitte, bitte hier her!"

Mr.Freds Bellen war beinahe in ein Heulen übergegangen, so erleichtert war er über Amelies Reaktion. Schwanzwedelnd lief er auf sie zu und wieder zurück zum Teich, stellte sich hier wieder wie ein richtiger Vorstehhund in Pose und zeigte auf das Leck. (Wie gut, dass er immer mit seinen Menschen fern sah, da lernte man eine Menge über seine Artgenossen und deren Verhalten!).

Jan kam näher, kniete sich neben seinen Hund und sagte: „So, mein kleiner Freund, was willst du mir denn so Wichtiges zeigen? – Moment mal, was ist denn das? Ami, hörst du das auch? Da gluckert was ganz leise."

Sie lauschten in den mittlerweile stillen Abend hinein. Alles schien zu schlafen, kein Rascheln, kein Auto oder Flugzeug störte die Stille – nur ein kleines schlürfendes Gluckern.

„Leuchte mir mal, Ami", auf allen vieren krabbelte Jan an den Gewässerrand und beugte sich so weit es eben ging über das Wasser.

„Hier, da ist das Geräusch am lautesten. Oh, oh, ich glaub ich weiß jetzt, was der Aufstand der Tiere, inklusive unseres tollen Spürhundes sollte!"

Er klopfte Mr. Fred anerkennend auf den pelzigen Rücken.

„Der Teich ist undicht, das Wasser läuft langsam raus - du, wenn wir nichts unternehmen, ist der Teich, na ich sag mal in ein, spätestens zwei Tagen leer! Du hast tolle Arbeit geleistet, Mr. Fred."

Einer Katze gleich schmiegte sich Mr. Fred aufatmend an sein Herrchen. Ab jetzt würde sich sein Herrchen um den Teich kümmern und er selbst konnte sich wieder seinem sorglosen Leben hingeben, fressen, schlafen, Busse jagen und mit seinem Freund Adrenalin spielen! Alles würde gut!

Wenn Mr. Fred auch nur im Geringsten geahnt hätte, wie Unrecht er damit hatte, hätte er sich nicht so zufrieden an diesem Abend in seinem Körbchen zusammengerollt und geschlafen.

Los geht´s

Sonnenstrahlen bahnten sich den Weg durch die vorgezogenen Fenster und ließen auf einen weiteren wunderschönen Frühlingstag hoffen. Sie kitzelten den kleinen Mops an der Nase, so dass er blinzelnd die Augen öffnete und sich genüsslich grunzend reckte und streckte.

Plötzlich hielt er inne. Die Vorder- als auch die Hinterbeine weit von sich gestreckt erstarrte er mitten in der Bewegung und ähnelte so einem Kaninchen, das an einem Fleischerhaken hing.

Langsam kam wieder Leben in seinen Körper und seinen Geist, damit auch die Erinnerung an den gestrigen Abend! Der Teich! War das eine Aufregung gewesen. Mit einem Satz sprang er von seinem Körbchen aus in das große Bett, indem sein Herrchen und sein Frauchen schliefen.

„Aufstehen, es ist Tag, der Teich muss erneuert werden."

Mr. Fred stürzte sich ungestüm auf Jan und Amelie.

„Hmm, oh Mann, Mr. Fred, weißt du eigentlich wie spät es ist?" Jan drehte sich grummelnd auf die andere Seite, das Kopfkissen über sein Gesicht stülpend. Mit seinem weichen Schnäuzchen stupste Mr. Fred nun Amelie an.

„Och nö, hau ab Freddelchen." - Oh, er hasste es, wenn sie das sagte!

Dann eben auf die harte Tour! Geschickt bahnte sich der wendige kleine Hund einen Weg unter die Decke und trampelte erst auf Jan, dann auf Amelie herum.

„Es ist Samstagmorgen, sechs Uhr", stöhnte diese. „Womit haben wir das verdient? Komm, meine kleine Samtschnauze nur noch ein Stündchen, ja?"

Damit setzte sie den strampelnden Mops in sein Körbchen zurück. Schmollend und wütend über so viel Ignoranz legte er sich wieder hin. Lautstark begann er zu schnarchen. Zwischendurch bellte er leise, so als ob er träume. Hin und wieder stand er auf, kratzte geräuschvoll in seinem Weidenkörbchen herum, legte sich erneut hin und schnarchte.

„Also gut, Mister, du hast mal wieder gewonnen."

Ami schwang ihre Beine aus dem Bett. Ein missmutiger Seitenblick traf Mr.Fred.

Der sah sie mit seinen braunen Kulleraugen unschuldig an und wackelte mit seinem Ringelschwanz. Insgeheim triumphierte er. Wie listig er doch war!

„Komm, du kannst jetzt erst mal raus, vielleicht musst du ja mal ganz nötig und hast uns deswegen so früh geweckt! Gut, dass nicht mehr Winter ist, jetzt ist es wenigstens schon hell draußen und nicht so kalt."

Unter Amis Plauderei gingen die beiden in den

Garten. Mr.Fred war eilig vorausgelaufen, als Ami die Tür geöffnet hatte, um allen Tieren die gute Neuigkeit über die Neuanlange des Gartenteiches zu überbringen. Vor dem Teich jedoch blieb er wie angewurzelt stehen.

Damit hatte er nicht gerechnet! Wo gestern noch Wasser gewesen war, breitete sich nun grauer, übelriechender Morast aus! Nur an seiner tiefsten Stelle hatte der Teich noch Wasser. Vielmehr als zwei oder drei zehn Liter Eimer voll waren es aber sicher nicht!

„Poseidon, hallo? Lebt ihr noch, um Gottes Willen?" Panik stand in seinem Gesicht.

„Bluuub, Plattkopf, guten Morgen sag ich wohl besser nicht! Du hast aber bestimmt herrlich geschlafen in deinem schönen Körbchen, nicht?"

„Ach Poseidon, bin ich froh, dich nörgeln zu hören! Außerdem kann ich doch nichts dafür, dass Ami mich rein getragen hat! Aber hör mal, sie wollen den Teich erneuern! Ich hab ihnen Bescheid gesagt. Das wollte ich euch allen heute Morgen gleich erzählen", Mr. Freds Brust schwoll sichtlich bei seinen Worten an. „Wo sind sie denn alle? Flosse, Ariane, Silberling, Fleckchen und auch unsere Diva Maria? Geht es ihnen gut?"

Bevor Poseidon einen seiner freundlichen Kommentare abgeben konnte, wuselten plötzlich alle Fische und Frösche an der Oberfläche, so dass man meinte, das Wasser kochte. Alle begannen auf einmal zu reden und überschlugen sich mit ihren Erzählungen über die vergangene Nacht.

„Meine Güte, ich hatte schon Angst, meine Kinder würden den Abfluss hinuntergespült", sprudelte es aus Froschfrau Greta heraus. „Es gurgelte und schmatzte und pfiff und gluckerte und rauschte und…"

„Ja, ja, das stimmt", fiepste es in vielen kleinen Stimmchen aus dem Wasserloch, „wenn Flosse und Poseidon den Abfluss nicht mit ihren Flossen abgedeckt hätten, wären wir jetzt alle nicht mehr da!"

Die kleinen Kaulquappen wuselten aufgeregt zur Oberfläche, damit Mr.Fred sich auch davon überzeugen konnte, dass nicht eine einzige fehlte, was ziemlich schwer war bei der Menge an Froschnachwuchs!

„Meine Menschen müssen wirklich schnell etwas unternehmen, aber Ami rennt ja schon zum Haus, sie will bestimmt Jan Bescheid sagen. Ich flitze schnell hinterher. Ich muss doch hören, was sie planen!"

Schnurstracks drehte er sich um und flog geradezu den Gartenweg entlang, seine kleinen Ohren wehten im Wind, die Rute drahtig nach oben gerollt sprang er drei Stufen auf einmal nehmend die Treppe zur Terrasse hoch.

„Tür auf", rief er, aber Ami verstand nur „Wau, wau" und drehte sich in dem Moment um, als Mr. Fred mit seiner schwarzen Schnauze gegen die Glastür prallte.

Vom Teich her erschallte lautes Gelächter und

auch Ami, die eben noch erschrocken geschaut hatte, musste sich ein Lachen verkneifen.

„Komm, mein kleiner pelziger Freund, kannst ja nichts dafür, dass du so tollpatschig bist. Ich habe dir auch schon dein Futter bereit gestellt."

Sie öffnete die Tür, um ihn hochzunehmen, aber er wendete sich von ihr ab und schritt hocherhobenen Hauptes an ihr vorbei zu seinem Fressnapf und begann mürrisch zu fressen.

„Ich glaube tatsächlich, du bist eingeschnappt, Mister. Kann ich doch nichts dafür, wenn du so schusselig bist! Sah aber zu witzig aus, komm wir erzählen es Herrchen."

Immer mussten ihm solche Dummheiten passieren! Es war so schon schwierig genug, sich Respekt bei den wilden Tieren zu verschaffen, wenn einem dann aber auch noch derartige Unfälle passierten, untermauerte das deren Theorie vom verwöhnten Haushund. Womit sie ja auch eigentlich recht hatten.

Was tat er schon? Er lag oft in der Küche am Fenster, um die Bushaltestelle zu beobachten. Er kannte 100 verschiedene Bustypen auswendig. Darunter Niederflurbusse, Überlandbusse, Doppeldecker, Flughafen-Vorfeld-Busse, ach und was es sonst noch so gab! Aber wen interessierte das?

Er liebte es, die Busse zu benennen und das höchste für ihn war, wenn er einen von ihnen jagen konnte! Das kam allerdings sehr selten vor, weil seine Menschen unerklärlicherweise in Panik gerieten, sobald er auch nur den Ansatz einer Busverfolgung machte.

„Komm schon, meine Pelzkugel, wir müssen jetzt wirklich Jan aus dem Bett schmeißen, der Teich hat allerhöchste Priorität!"

„Also los", sagte Jan wenig später und stellte die leere Kaffeetasse mit einem lauten Klappern auf den Tisch. „Der Baumarkt öffnet ja am Samstag schon um 8 Uhr seine Pforten, allerdings sind um diese Zeit dort nur Leute zu treffen, die nicht schlafen können oder einen verrückt gewordenen Mops haben!"

Ein strafender Seitenblick traf Mr. Fred, der sich wie zufällig gerade ausgiebig kratzte und Jans Blick geflissentlich übersah.

„Hast du den Zettel, Amelie?"

„Schon längst in meiner Handtasche verstaut, Chef", grinste sie.

„Genug Folie scheint das ja wirklich zu sein", stöhnte Ami als sie wieder zu Hause zusammen das Auto ausräumten. „Die ist so verdammt schwer, ich schaff das glaube ich nicht!"

„Jammer nicht, du hast schließlich drauf gedrängt, die dickere Folie zu kaufen, also ab jetzt!"

Während Jan und Amelie unter spielerischem Gezanke und gut gelaunt die Utensilien für denTeichbau in den Garten trugen, raschelte es leise im Gebüsch. Zwei grüne, listige Augenpaare beobachteten argwöhnisch das rege Treiben der beiden Menschen und zogen sich nun unauffällig in den Nachbargarten zurück.

Teichbau

„Hallo Mops", wurde Mr. Fred im Garten von Boskoop freundlich schmatzend begrüßt. Natürlich knabberte er wieder einmal an einem dicken roten Apfel herum. Mr. Fred mopste heimlich und leise Äpfel aus Amis Obstschale und gab sie dem Igel, der ihn hierfür mit allen Neuigkeiten des Tages versorgte. Heute aber hatte der Igel Fragen.

„Ist das eine Aufregung hier heute!" schmatzte er. „Was wird denn nun mit den Fischen und Fröschen passieren? Geschweige denn mit dem Froschnachwuchs, Maria hat doch schon jetzt mit dem Casting begonnen und wenn auch nur einer ihrer Nachwuchssänger nicht überleben sollte, undenkbar!"

„Nur keine Panik", beruhigte Mr. Fred den Igel. „Meine Menschen haben alles im Griff!" Stolz spazierte er um den Igel herum.

„Hilfe, ich krieg keine Luft mehr, bitte lasst mich raus, ich sterbe."

Angsterfüllt und hörbar nach Luft schnappend ertönte es plötzlich. Panik lag in dieser Stimme! Das war Flosse! Mr. Fred sauste in die Richtung, aus der der Hilfeschrei gekommen war. Im Davonlaufen sah er noch Boskoop kopfschüttelnd dastehen.

„Ich sehe, wie deine Menschen alles im Griff haben, tz,tz", rief er dem Hund hinterher. Dann widmete er sich wieder seinem Apfelfrühstück.

„He, Fred, hilf mir, sie bringen mich um", flehte Flosse japsend. „Es dreht sich schon alles um mich herum! Mein letztes Stündlein hat geschlagen, ade du schönes Leben, vieles wollte ich noch erleben." So wehklagte er allenthalben.

„Keine Angst, Flosse," beruhigte ihn Mr.Fred. „Du bist in einem Fischernetz und wirst gleich in einen kleinen Tümpel gesetzt. Da bleibt ihr Fische und auch die Frösche und Kaulquappen solange, bis der Teich wieder repariert ist. Ich sag auch schnell Poseidon und den anderen Bescheid, damit sie sich nicht ängstigen."

„Oh, Mr. Fred, hör doch mal auf zu bellen und wie ein aufgescheuchtes Huhn hier vor meinen Füßen herumzulaufen, ich muss diesen Fisch schnell wieder ins Wasser setzen!" beschwerte sich Jan. „Ich habe genug damit zu tun, mein Gleichgewicht zu halten!"

Der Boden des ausgelaufenen Teiches war rutschig wie eine Eisbahn und als der kleine Hund sich durch Jans Beine schieben wollte, verlor Jan den Halt und fiel der Länge nach in den stinkenden Morast. Das Netz mit Flosse flog in hohem Bogen über den Teich auf den angrenzenden Rasen. Der kleine Fisch lag zappelnd darin.

Darauf hatten die grünen Augen nur gewartet! Blitzschnell tauchten aus den Büschen die beiden Katzen Tequila und Sunrise auf und stürzten sich auf das Fischernetz.

„Jetzt haben wir dich, du glitschiges Monster."

„Poseidon ist uns damals entkommen, aber dich geben wir nicht mehr her! Weißt du noch, Tequila, als die Kinder den Auftrag bekamen, den Fisch die Toilette herunter zu spülen, ihn aber statt dessen in ein Glas getan haben und ihn hier in den Teich gesetzt haben? Ha, die Rache ist mein!"

„Verdammt Sunrise, halt dein Maul, schnapp dir den Goldfisch und lass uns die Biege machen."

„Der hat sich total verheddert, verflucht nochmal."

„Geh weg und lass mich machen." Sunrise schuppste Tequila unsanft zur Seite.

„Ha, damit du den Kleinen fressen kannst, oder wie?" zänkerte Tequila weiter.

In ihrem Eifer bemerkten sie den riesigen Schatten nicht, der sich über sie senkte und sodann leise aber eindringlich und unheimlich tief grollte: „Grrrrrrr!"

Erschrocken verstummten sie, drehten sich um und - erstarrten! Über ihnen stand mit gefletschten Zähnen Adrenalin, der Jagdhund.

„Na, ihr zwei, was suchen wir denn da?" presste er mühsam beherrscht zwischen den Lefzen hervor.

„Ich, wir, also...", stammelte Sunrise.

„Wuff", kam es gurgelnd und grollend aus Adrenalins Kehle.

Die Katzen stürzten davon, Adrenalin ihnen dicht auf den Fersen.

„Schnell jetzt das Netz ins Wasser, hoffentlich hat Flosse das überlebt!"

Mit seiner kleinen Schnauze versuchte Mr.Fred, der sich schon beim Herbeiholen des Jagdhundes vollkommen verausgabt hatte, das Netz zu fassen. Langsam verließen ihn seine Kräfte, der Köcher war so sperrig und schwerer, als er vermutet hatte.

„Wau, wau", hörte Jan seinen Hund kläglich heulen. Zwei Versuche, aus dem Morast aufzustehen, waren in einem erneuten Sturz geendet, aber jetzt sah er, was sein kleiner Freund so unerbittlich versuchte und krabbelte kurzerhand auf allen Vieren voran.

„Komm, Mr.Fred, ein kleines Stück noch, dann kann ich den Köcher greifen."

Er streckte seinen Arm lang aus. Mr.Fred schnaufte und grunzte. Mit letzter Kraft gelang es ihm, den Stiel in Jans Hand zu legen.

„Hab ihn. Und ab mit dir ins Wasser zurück, erhol dich erst mal kleiner Fisch."

Mit diesen Worten tauchte Jan das Netz unter Wasser. Flosse schickte ein Dankgebet zum Meeresgott während sich Jan erleichtert abermals in den Morast fallen ließ.

„Was matscht du denn da rum, Jan? Ich dachte,

du wolltest die Fische und so in die Kübel umsiedeln? Stattdessen machst du hier mit unserem Hund Matschwrestling, oder wie seh ich das?" Amelie zog verwundert die Augenbrauen hoch.

„Ich wollte dir gerade ein zweites Frühstück bringen, aber so wie du aussiehst, wird das wohl nichts! Was ist denn passiert? Sitzt da im Matsch und spielst mit dem Hund! So hatte ich das ja nun nicht gedacht. Da geht die Arbeit nicht voran! Geh dich erst mal waschen, so kannst du kein Brötchen anpacken." Sie rümpfte zur Verstärkung abfällig die Nase.

„Fertig mit deiner Predigt? Darf ich jetzt zur Abwechslung auch mal was sagen?" grinste Jan schief. „Mr. Fred und ich haben gerade mit Hilfe von Adrenalin – wo ist der eigentlich?- einen kleinen Goldfisch vor dem sicheren Tod gerettet. Komm, Mopsi", sagte er lachend, „wir gehen uns waschen, Frauen habe für echte Männersachen nichts übrig!"

Verblüfft stand Ami mit ihrem Tablett in der Hand da und schaute den beiden Dreckspatzen, diesmal tatsächlich sprachlos, hinterher.

Bevor Mr. Fred seinem Herrchen ins Haus folgte, machte er einen kleinen Abstecher zu den Fischen und erklärte, was seine Menschen vorhatten. Gewichtig setzte er zu seiner Rede an: „Habt keine Angst. Jan wird euch mit dem Köcher raus fischen und in große schwarze Eimer, die nennen sie „Mörtelkübel", tun. Ihr müsst solange drin bleiben bis..." - plötzlich hob Mr.Fred ruckartig den

Kopf legte ihn schief und lauschte angespannt in Richtung Straße. Alle Fisch, Frosch- und Kaulquappenköpfe taten es ihm erstaunt nach. Niemand sagte ein Wort, alle sahen wie gebannt auf den Mops, der in stiller Verzückung dastand.

„Wow, das ist ein Neoplan Trendliner ÜL, Länge 13,90m, Höhe 3,40m, Reisegast Plätze 64 und mit 430 PS der stärkste der Überlandverkehrbusse. Den muss ich sehen!"

Sprach´s und war mit einem hellen, freudigen Kläffen verschwunden.

„Potzblitz, dieser kleine Derwisch bringt mich nochmal um den Verstand", seufzte Poseidon. „Aber ein Gehör hat er, das ist phänomenal."

„Ach ja", tönte es schon von ziemlich weit weg, „ihr müsst solange in den Kübeln bleiben, bis der Teich fertig ist!"

„Er hat zu viele Flausen im Kopf, das kann noch mal böse für ihn enden", prophezeite Poseidon und sah mit sorgenvollem Gesicht in den blauen Himmel über sich.

„Bequem ist etwas anderes", beschwerte sich Ariane. „Ich habe noch nicht einmal genug Platz für meine Kosmetik."

„Mit deinem ganzen Algenkram machst du auch nur immer das Wasser trübe, wenn wir den neuen Teich haben, kannst du das sowieso vergessen, der soll sauber bleiben." Flosse hatte sich nach dem morgendlichen Schreck gut erholt. Er war froh, dass die Menschen so gut für die Tiere im Teich sorgten und konnte Arianes schlechte Laune gar nicht verstehen. Aber Mädchen mussten sowieso immer an allem rummäkeln.

„Sie haben uns sogar Futter gebracht, und auch noch das teure Premiumfutter aus dem Heimtiermarkt, hat Mr.Fred jedenfalls gesagt."

In den schwarzen Kübeln herrschte ein buntes Treiben von Fischen, Kaulquappen und Fröschen.

Die Frösche waren allerdings so frei und verließen je nach Lust und Laune die Kübel, um sich im Garten umzusehen und ein Pläuschchen mit Nuss und Knacker, Boskop oder einem der vielen anderen Bewohner des Grundstücks zu halten.

Hierbei trafen sie mehr oder weniger häufig auf Amelie, die aus diesem Grunde mehr oder weniger häufig kleine spitze Schreie ausstieß.

„Stell dich nicht so an", sagte Jan dann immer.

„Ihr Gequake hörst du gerne, aber ansehen magst du sie nicht! Soll einer die Frauen verstehen."

So wurde fröhlich an dem neuen Teich gearbeitet, was aber nicht überall gerne gesehen wurde.

Lilly und Leon

„Mensch Lilly, hast du das gesehen? Der olle blöde Adrenalin hat unsere Katzen gejagt. Die kamen aus Jans Garten geschossen und der Köter in langen Sätzen hinterher. Aber die haben sich schlauerweise auf unseren Kirschbaum gerettet! 1:0 für unsere Stubentiger. Möchte aber gerne mal wissen, was da drüben los ist. Den ganzen Tag ist da Betrieb wie auf einer Baustelle, los komm Lilly, wir nehmen Position in unserem Versteck in der Hecke ein und bespitzeln Amelie und Jan!"

Eine immergrüne Hecke trennte die beiden Grundstücke voneinander. Sie war in den Jahren sehr groß geworden, so dass man nicht mehr hinüberschauen konnte. Leon und Lilly hatten sich die kleine Astschere der Mutter geklaut und ein Loch in die Hecke geschnitten. Mit weichen Holzspänen und einer alten Decke aus des Vaters Hobbykeller hatten sie sich dort eine geheime Butze gebaut. Durch die Ritzen der Hecke spähten sie nun in Nachbars Garten.

„Hey, der Teich ist kaputt, und Jan schüttet Erde in die Grube- boah, er schüttet den Teich zu." Lilly deutete die Korrekturmaßnahmen von Jan vollkommen falsch.

„Unsinn, du Hirni", Leon schüttelte den Kopf, „sie schütten den Teich nicht zu, sondern wollen ihn wieder richtig in Schuß bringen, komm das sagen wir Mama!" Er packte Lillys Hand und zog sie mit sich, um die Mutter zu informieren: „Mama, stell dir vor, die machen den Teich neu! Lilly dachte erst, der blöde Teich wird nun zugeschüttet und du hast endlich Ruhe vor dem Froschgequake, aber damit ist wohl Essig! Die blöden Frösche mit ihrem Gequake werden dich weiter nerven!"

„Ach Gott, ja, die Frösche", sorgenvoll ordnete sie ihre Steuerpapiere weiter. Das würde noch viel Arbeit geben und Geld kosten, diese blöde Steuer, dachte sie.

„Hast du gesehen, wie geschockt Mama aussah?"

„Du hast recht Lilly, was können wir nur tun, um dem blöden Gequake ein Ende zu bereiten?"

Weiter geht's

„Toll, wie du die Katzen verjagt hast, Adrenalin", bewundernd schaute Mr.Fred zu seinem großen Freund auf, „die haben ganz schön die Kurve gekratzt."

„Du hättest mal den Blick von Tequila sehen sollen, als sie merkte, dass ich hinter ihr stand!"

Ein dunkles Hundelachen erquoll aus seiner Kehle und steigerte sich immer mehr.

„Und wie sie dann weglaufen wollten aber immer nur auf der Stelle trampelten!" Adrenalin schmiss sich auf den Rücken und zuckte rhythmisch zum Lachen mit seinen Pfoten. Mr.Fred hüpfte auf seinen Brustkorb und so lachten sie in den lauen Abend hinein und konnten sich gar nicht beruhigen.

Später gab dann der große Jagdhund zu: „Ich wollte den beiden auch nur einen Schrecken einjagen, nie im Leben hätt ich ihnen was angetan. Aber das sollte den beiden eine Lehre sein, sie bekommen genug zu fressen von ihrem Frauchen, da brauchen sie sich nicht hilflose Fische zu angeln."

Bei der Vorstellung, wie zwei Katzen mit Angelrute an einem Fischteich sitzen, bekamen die beiden Hunde den nächsten Lachanfall.

„Ach Kleiner, du bist schon einer!" Adrenalin stand gähnend auf. „Wenn du mich nicht so schnell geholt hättest, wäre Flosse jetzt Geschichte." Er streckte sich genüsslich und sah zum Haus hinüber: „Ich glaube, meine Menschen machen sich jetzt auf den Weg nach Hause. Schön, dass sie helfen, dem Teich ein neues Gesicht zu geben. Wenn du wieder mal Hilfe brauchst...", er klopfte dem Mops auf den Rücken, „du weißt ja, wo du mich findest!"

„Danke, Großer, du hast mir und den Fischen einen großen Gefallen getan. Und gut, dass ich mir einen kleinen Ausgang aus dem Garten geschaffen habe, da konnte ich ruck-zuck bei dir sein. Das dürfen nur Jan und Ami nicht spitzkriegen, sonst werden sie gleich ein neues Stück Zaun dort anbringen. Als ob ich jemals von ihnen weglaufen würde", fügte er noch grinsend hinzu.

Etwas später verabschiedeten sich die Nachbarn und Freunde Kalle und Tina, die von Jan um Hilfe gebeten wurden von den Teichbauern.

„Also gut Jan, morgen ist zwar Sonntag, aber unsere Arbeit ist ja nicht laut, also sollten wir weitermachen, damit wir bis zum Ende des Tages die Folie schon mal provisorisch ausbreiten können."

„So hatte ich mir das auch gedacht, Kalle. Unglaublich, wie viel Schlamm sich in den ganzen Jahren sammeln kann. Hätte nicht gedacht, dass es solange dauert, bis wir den Morast aus dem Teich haben. Aber egal, morgen ist tatsächlich auch noch ein Tag und da können wir richtig ranklotzen! Ami und Martina können für das Essen sorgen und Mr. Fred und Adrenalin können helfen, das Loch zu graben. Dann sind alle beschäftigt!"

Kalle und Tina lachten und hoben zum Abschied die Hand. „Bis morgen!"

Auch der Sonntag brachte schönstes Frühlingswetter mit sich und einvernehmlich arbeiteten Mensch und Tier an dem neuen Gartenteich. Bereits am Nachmittag wurde mit vereinten Kräften die Folie über das neu entstandene Teichloch gelegt. Zu Mr.Freds und Adrenalins Ärger wurde ihnen verboten, an diesem tollen Zerrspiel teilzunehmen. Als Entschädigung gab es jedoch einen saftigen Knochen, den sie nun im Schatten der Birke knabberten und sich dabei schmatzend unterhielten.

„Ok, zuerst war ich etwas sauer, dass sie uns mal wieder nicht mitspielen lassen", Adrenalins Zähne zermalmten den Rinderknochen mit einem lauten Knack, „aber dann hab ich extra nicht gehört auf das Pfui-Gerufe!"

„Genau wie ich! Ich dacht mir auch, wenn wir weitermachen, werden wir bestimmt auf angenehmste Weise stillgestellt." – „Und wir hatten Recht", beendeten beide gleichzeitig den Satz.

„Ach ja, die Menschen sind schon einfach zu durchschauen." Zufrieden machten sie sich wieder über die Knochen her. Eine Weile herrschte einvernehmliches Schmatzen zwischen den beiden.

Plötzlich sauste ein schwarzer Schatten heran und setzte sich zwischen die Hunde.

„Kra, Krawall wird´s geben." Einer der beiden Krähenbrüder wog bedeutungsvoll seinen Kopf auf und ab. „Hui, hoppla, Bruchlandung." Krähe Nummer zwei plumpste unsanft auf Adrenalins Kopf.

„Nimm dich in Acht, sonst...", der Jagdhund war sofort in aufgesprungen und baute sich bedrohlich vor der ängstlichen Krähe auf.

„Nur ruhig, Addi, sie hat doch einen angeknacksten Flügel und kann nicht mehr so geschmeidig landen wie ihr Bruder."

Nicht immer war die Jagdleidenschaft ein Segen, denn das Temperament des großen Hundes war extrem hitzig. Er ließ jedoch gleich von der unglückseligen Krähe ab und fragte: „Wo gibt es Krawall?"

„Kra, hier."

„Wieso hier?"

„Kra, am Teich."

„Was erzählst du da?"

„Kra, ich weiß was."

„Meine Güte, sprich in ganzen Sätzen!"

„Unheil vom Löwen, kra…, die Kinder Leon.."

Krähe zwei ließ den Satz unvollendet denn in diesem Moment sprangen tatsächlich Tequila und Sunrise grölend aus der Hecke, ein kleines Mäuschen vor sich her treibend. Beim Anblick der Katzen flatterten die Krähen aufgeregt mit den Flügeln und erhoben sich vorsichtshalber in die Lüfte.

Mr.Fred und Adrenalin schauten sich feixend an und dieses Mal kam aus Mr.Freds Kehle ein kleines „Wuff!" Alarmiert blieben die Katzen stehen.

„Ein Dejavu" stöhnte Sunrise und machte einen filmreifen Katzenbuckel.

„Du hast recht, LAUF!", schrie Tequila und wie schon am vorherigen Tag raste Adrenalin in langen Sätzen den Katzen hinterher.

„Wenn das das Unheil mit dem Löwen war, soll´s uns recht sein, was Mr.Fred?" Adrenalin kam leicht außer Atem zurück, „was für ein Aufstand wegen zwei dummer Katzen. Diese Krähen! Malen immer alles schwarz." Welch Trugschluss!

Dunkle Wolken zogen auf. Langsam schoben sie sich vor die Sonne und ließen Jan und Kalle bei der Arbeit innehalten. „Komm, wir haben für heute genug geschafft, die Plane liegt soweit. Morgen nach der Arbeit komme ich schnell rüber und wir lassen das Wasser rein. Der Wind frischt schon auf, nichts wie ab ins Haus."

Das Gewitter kam schneller heran als gedacht. Schon platschten die ersten dicken Tropfen auf die frischverlegte Plane. Mit einem Mal taten sich die Himmelsschleusen auf und ein Platzregen ergoss sich auf die Erde. Dumpfer Donner grollte und schon folgte ein greller Blitz. Mensch und Tier verließen fluchtartig den Schauplatz Gartenteich.

Bis zum Abend hatte sich das Gewitter verzogen und einem gleichmäßigen Frühlingsregen Platz gemacht.

Unheil

Im Schutze der Dunkelheit machten sich emsige Hände und Krallen an der frisch verlegten Folie des Teiches zu schaffen.

„Pssst, pass doch auf, sonst werden wir noch erwischt, Herr Gott nochmal!"

Ein Zinkeimer war mit Geschepper die Stufen zur Terrasse herunter gefallen. Die beiden vermummten Gestalten hielten erschrocken in ihrem verwerflichen Tun inne. Aus dem Haus war ein grimmiges Bellen zu hören.

Mr.Fred war aus dem Schlaf hochgeschreckt. Da war ein verdächtiges Geräusch! Er hüpfte schnell aus seinem Korb und rannte zum Fenster. Durch den Jalousienschlitz konnte er zwar nichts erkennen, aber ein ihm irgendwie bekannter Geruch kam durch das geöffnete Fenster.

„Alarm! Aufwachen, Hilfe unser Teich ist in Gefahr!"

Laut bellend lief er zu Jan und Amelie, die sich schlaftrunken im Bett aufsetzte.

„Was ist denn in dich gefahren, Kleiner? Gott, hab ich mich erschreckt! Ruhig, Fred, ruuuhig!"

Amelie sah zu Jan herüber, der sich gar nicht gerührt hatte.

„Was hat er denn nur?"

„Schlecht geträumt," brummelte Jan. Das war sein einziger Kommentar, bevor er sich seufzend auf die andere Seite legte.

„Komm, wir schauen nach, Mr.Fred."

Barfuß lief Amelie zum Fenster, zog die Jalousien ein Stück hoch und spähte in die Dunkelheit.

„Hm, nichts zu sehen." Sie wollte sich gerade abwenden, da blinkte etwas auf. „He, was ist das? Da blitzt doch irgendwas!"

Das Schlafzimmer lag in der ersten Etage, von dort konnte man direkt in den Garten und auf die Terrasse blicken. Amelie zog den Rollladen ganz nach oben, öffnete das komplette Fenster und lehnte sich soweit es ging hinaus.

„Na sowas, und deswegen die ganze Aufregung!" stöhnte sie. „Hoffentlich kann ich schnell wieder einschlafen."

Der Zinkeimer wurde vom Mond, der sich einen Weg durch die Wolken gebahnt hatte, angeschienen und seine glatte Oberfläche reflektierte das Licht.

„Das also ist der Grund. Der Eimer ist runter gepoltert, du bist wach geworden, ich bin aufgestanden, hab das Licht gesehen und nun den Grund gefunden."

Zufrieden mit ihren detektivischen Fähigkeiten und sich selbst ließ sich Ami wieder ins Bett fallen. Nicht aber ohne das Fenster wieder gekippt und den Rollladen geschlossen zu haben.

„Wau, wau", bellte Mr. Fred verzweifelt weiter, ahnte er doch, dass etwas Böses dort draußen sein Unwesen trieb!

„Sei jetzt leise und schlaf, Freddelchen!" Oh, er hasste es, wenn sie das sagte!

Draußen aber lösten sich die unheimlichen Gestalten aus ihrer Erstarrung und brachten ihr hinterhältiges Werk zu Ende.

Entsetzen spiegelte sich auf Jans Gesicht wider, als er am frühen Montagmorgen sehen musste, wie übel ihnen und allen Tieren des Teiches mitgespielt worden war.

„Amelie, ach Amelie, komm schnell und sieh nur!" Die Tasse Kaffee noch in der Hand, war Jan noch im Schlafanzug hinausgelaufen, um sich stolz sein Werk anzusehen.

Nun stand er kreidebleich neben dem Teich, die Tasse baumelte an seiner Hand und langsam tropften die letzten Überreste aus dem „Gute-Laune-Kaffee" auf den Boden.

„Ja was ist denn los Jan? Du schaust aus wie sieben Tage Regenwetter, dabei ist der Regen doch vorbei, die Sonne scheint wieder, der Teich ist...", sie stutzte einen Moment und sagte dann leise, „...sabotiert worden. Um Himmels Willen, wer hat uns das angetan?"

Viele kleine Schnitte, Kratzer und Löcher waren

gewaltsam in die Plane geschnitten oder gestochen worden. Da hatte jemand ganze Arbeit geleistet. Die Teichfolie war nicht mehr zu retten.

„Aus der Traum vom Gartenteich, Ami! Das war es! Hier gibt es nicht mehr zu retten. Aber wer tut denn sowas?"

Jan schaute sich verzweifelt nach Ami um. Aber da war selbst diese sprachlos. Mit hängenden Schultern gingen sie ins Haus zurück, Mr. Fred mit hängenden Ohren und Schwänzchen hinterdrein.

Ein tiefer Seufzer entrang sich Jans Kehle: „Ach Mensch, die Folie und das Vlies waren so teuer, das können wir uns jetzt kein zweites Mal leisten, Amelie. Ich werde also das Projekt Teich ad acta legen und noch heute abend damit beginnen, das Loch zuzuschaufeln."

„Och Menno, Jan, meinst du, das ist wirklich nötig?"

„Ich kann mir das Geld nicht aus den Rippen schneiden, und wir wollen ja schließlich auch noch in Urlaub fahren!"

„Lass doch den Urlaub, lieber einen Teich!"

„Nein, und das ist mein letztes Wort! Den Urlaub können wir auch nicht merh stornieren!" Jan hatte sich in Rage geredet und war nicht mehr umzustimmen.

„Und was ist mit den Tieren? Wir können sie doch nicht in dem Kübel lassen!"

„Die Fische setz ich bei ebay rein. Die Frösche werden von alleine abwandern, wenn kein Wasser mehr da ist."

Amis Augen funkelten verdächtig als sie aufstand und sich schnell umdrehte, damit Jan nicht sah, wie traurig sie war. Mr.Fred aber hatte gesehen, dass seinem geliebten Frauchen die Tränen in den Augen standen und schmiegte sich nun eng an ihr Bein. Als sie nicht reagierte, stellte er sich auf die Hinterbeine und begann, ihre Hand hingebungsvoll abzulecken. Gedankenverloren streichelte sie ihn und sagte: „Ach, mein kleiner Freund, nun sind wir mit unserem Latein am Ende. Das ist heute ein ganz doofer Tag."

Nun kullerten ihr doch die Tränen übers Gesicht. Mr.Fred wurde es furchtbar traurig ums Herz. Wenn er doch nur helfen könnte!

Während Amelie in den Garten ging, um sich nun in aller Ruhe noch einmal ein Bild von der Zerstörung zu machen, lief Mr. Fred schnurstracks zu den Wasserkübeln, um den Tieren die unangenehmen Neuigkeiten zu überbringen.

„Poseidon, ruf alle Fische zusammen und hast du eine Ahnung wo Maria ist?"

„Sie ist rüber zum Kaulquappenkübel, will sich dort mal wieder in Sachen Quaken – entschuldige Singen - wichtig tun. Was gibt es denn so Dringliches? Ist unser neues Zuhause schon fertig?"

Erwartungsvoll lugte Poseidons Kopf aus dem

Wasser heraus. Ein tiefer Seufzer entrang sich Mr.Freds Kehle: „Ach nein Poseidon, ganz im Gegenteil, es wird keinen neuen Teich geben!"

Als hätten die kleinen Wellen im Mörtelkübel Mr.Freds Worte übertragen, kamen nun die anderen Fische an die Oberfläche. Nachdem Nuss und Knacker Maria samt Chor herbeigeholt hatten (und nicht nur die, sondern auch gleich alle anderen Tiere des Gartens), konnte der Mops die schreckliche Geschichte, die sich in der Nacht zugetragen hatte, erzählen.

Empörung, Wut und nicht zuletzt herbe Enttäuschung machte sich auf den Gesichtern breit. Mit jedem Wort wünschte sich der Hund, es würde sich der Boden auftun und er würde darin verschwinden, so schwer fiel es ihm, die letzten, alles entscheidenden Worte zu sagen:

„Der Teich wird nicht mehr neu gebaut, das Loch wird zugeschüttet."

Einen Moment lang herrschte eine gespenstische Stille, niemand wagte etwas zu sagen, sogar die Bäume schienen ihre Blätter nicht mehr in dem sanften Frühlingswind zu bewegen.

In diese Stille hinein fragte eine leise ängstliche Stimme.

„Was wird aus uns?"

„Sie wollen euch bei ebay versteigern, Flosse, und die Frösche sollen sich ein anderes Zuhause suchen."

War es bisher mucksmäuschenstill gewesen, brach nun ein lautes Protestgeschrei aus. Die Tiere konnten sich gar nicht beruhigen und ließen ihren Ärger letztlich am Falschen aus, an dem kleinen Mops Mr.Fred.

„Großspuriger, kleiner Schoßhund! Hast du geglaubt, du kannst unsere Welt retten, was? Das wir nicht lachen. Alles kaputt gemacht hast du! Wenn du deine Menschen nicht auf das Leck aufmerksam gemacht hättest, hätten wir noch unseren guten, alten Teich!"

Dass das so nicht der Wahrheit entsprach, wollte in diesem Moment niemand hören. Sie suchten in ihrer Verzweiflung einen Sündenbock.

„Scher dich weg, du Tunichtgut, wir brauchen deine *„Hilfe"* nicht!" Das sagte Poseidon nachdrücklich und das traf Mr.Fred besonders, denn dieser Fisch war sein Vorbild. Die sonst so fröhlich aufgestellte Rute klemmte nun zwischen seinen Beinen. Leise schlich er davon, ging ins Haus und legte sich in sein Körbchen. Den ganzen Tag über wollte er nicht fressen, spielen oder spazieren gehen. Selbst Omnibusraten stand ganz außer Frage.

Am Abend hatten Jan und Kalle den gesamten Teich bereits zu zwei Dritteln zugeschüttet.

„Amelie bringt es nicht übers Herz, die Fische wegzugeben, Kalle. Was meinst du? Können die noch ein bisschen in den Kübeln bleiben? Sie muss halt richtig Abschied nehmen können und nicht so holter die polter!"

„Ach, das denke ich doch. Die Fische sind lebhaft und fressen. Was willst du mehr? Viel mehr Sorgen macht mir euer kleiner Freund! Warum kommt er nicht raus und bringt alles durcheinander, wie sonst üblich?"

„Tja, Amelie ist heute Mittag mit ihm beim Arzt gewesen, aber der konnte nichts feststellen, falls es sich in den nächsten zwei Tagen nicht bessert und er immer noch nicht frisst, muss er an den Tropf."

An Mr.Freds Körbchen saß unterdessen Amelie mit roten, verweinten Augen.

„Ach Kleiner, komm, nun friss doch was, oder wackel wenigstens etwas mit deinem Posthornschwänzchen. Ich kann es nicht ertragen, dich so krank zu sehen!"

Erneut schniefte Amelie in ihr schon vollkommen zerfetztes Papiertaschentuch, aber der Hund zeigte keinerlei Regung. So traurig war er noch nie in seinem Leben gewesen und er wollte einfach nur sterben. Mittlerweile erfüllte schwaches Dämmerlicht den Raum, er hatte den ganzen Tag dagelegen und sich seinem Schmerz hingegeben. Nun verspürte er jedoch ein unangenehmes Zwicken im Bauch und stellte fest, das Sterben sich bedauerlicherweise als gar nicht so einfach erwies wie er gedacht hatte. Er hatte seinen knurrenden Magen nicht einkalkuliert!

„Also gut", dachte er gönnerhaft „tu ich Ami den Gefallen und wackel mit dem Schwänzchen."

Er grunzte laut, damit sich Amis Aufmerksamkeit wieder ganz und gar auf ihn richtete. Zögerlich schwenkte er seine Rute hin du her.

„Oh, Jan! Jahaaaan! Er wackelt ein bisschen mit dem Posthorn, komm schnell!" rief Ami verzückt.

„Ist das wahr? Geht es ihm etwa besser?"

„Weiß noch nicht genau, mal sehen ob ich ihn zum Fressnapf locken kann. Komm, mein Hündchen, koooomm."

Langsam und etwas wackelig bewegte sich Mr.Fred aus seinem Körbchen heraus, darauf bedacht, nicht zu schnell zu seinem Fressnapf laufen, um dadurch am Ende als Simulant enttarnt zu werden. Das Wasser lief ihm schon im Maul zusammen, aber er nahm sich zusammen und schnupperte nur vorsichtig an seinem geliebten Fressen.

„Nun mach, Kleiner, friss ein bisschen."

Meine Güte, das konnte er sich nun wirklich nicht zweimal sagen lassen! Alle Vorsicht vergessend stürzte er sich auf den Fressnapf und verschlang dessen Inhalt in rasender Geschwindigkeit.

„Ui, da hatte aber einer Hunger, gib ihm noch einen Nachschlag, Ami, wenn er schon mal was fressen will…", freute sich Jan über Mr.Freds Appetit.

„Bestimmt ist ihm auch diese leidige Teichgeschichte auf den Magen geschlagen und nun hat er sich ausgeruht und es geht ihm wieder besser. Du hast recht, er bekommt eine Extraportion!"

Ja richtig, die Teichgeschichte!

„Nach dem Fressen werde ich zu den Tieren gehen und mich mit ihnen beratschlagen, wir müssen eine Lösung finden", dachte der Hund.

Er fühlte sich nun schon wesentlich besser; den Magen vollgeschlagen und eine neue Aufgabe vor Augen hatte sein Leben jetzt auch wieder einen Sinn!

„Gott bin glücklich, dass dir wieder gut geht, Freddelchen!" Oh er hasste es, wenn sie das sagte!

Mr. Fred hatte seinen ganzen Mut zusammengenommen und seinen abendlicher Rundgang schnurstracks zu den Fischen gelenkt. Die Frösche hatten trotz der widrigen Umstände ihre Chorproben wieder aufgenommen.
Ein vertrautes, heimeliges Geräusch war der Gesang in den Ohren der Tiere.

„Poseidon, Flosse! Seid ihr da?"

„Natürlich sind wir hier, Plattschnauze! Wo sollen wir auch sonst sein?" Das war mal wieder unverkennbar Poseidon! Wir habe dich heute Nachmittag ganz schön angefahren, Mops! Das tut uns allen leid, es war nicht so gemeint. Wir waren nur schrecklich aufgebracht wegen des Teiches und sind es immer noch."

Flosse blubberte die Worte aufgeregt in das Wasser.

„Deswegen bin ich hier. Wir müssen eine Lösung finden!" Mit fester Stimme kamen die Worte aus Mr.Freds Schnauze. „Frösche, macht einen Moment Pause und ruft die anderen Gartenbewohner zusammen."

Viele unterschiedliche Tierstimmen erfüllten den Garten. Alle waren gespannt, wie es denn nun weitergehen sollte. Die Menschen hatten eindeutig ihre Meinung gesagt und was ein Mensch sagte, musste man als Tier hinnehmen. Die Menschen saßen nun einmal an den längeren Hebeln, leider!

Pläne

„Also gut, hat irgendjemand eine Idee, wie wir den Teich retten können?" rief Mr.Fred in die Runde.

Alle Augen sahen auf ihn, aber egal ob Schnabel, Fisch- oder Froschmaul, alle Tiere blieben stumm. Selbst der gesprächige Boskoop sagte dieses Mal kein Wort.

„Ein wahrlich großartiges Brainstorming", konstatierte der Mops. „So sind wir der Lösung ja schon mal einen großen Schritt näher!"

„Echt? Es hat doch keiner was gesagt!" Das war Nuss, das Eichhörnchen.

„Manchmal glaub ich, du hast einen auf die Nuss gekriegt, du hohle Nuss! Das war Ironie!" Das war Knacker, der Eichhornbruder.

„Wer ist Ironie, den kenn ich nicht?!"

Nuss reckte seinen Hals, um alle Tiere sehen zu können.

„Nuss, wir haben jetzt keine Zeit, dir Spitzfindigkeiten der Sprache zu erklären, lass Plattschnauze weiter machen." Poseidon schlug aufgeregt mit den Flossen.

„Er hat recht, es muss eine schnell Lösung her. Als erstes: wie lange werden wir Zeit haben?" fragte Flosse.

„Jan und Ami werden doch zwei Wochen verreisen, diese Zeit bleibt uns, alles zu organisieren, nicht gerade lange! Wir müssen uns also sehr beeilen!"

„Wir könnten die Kröten um Hilfe bitten, die haben ordentlich Kraft!"

Maria Quarkwass hüpfte aufgeregt auf Mr.Fred zu.

„Die könnten uns beim Loch graben helfen."

„Maria, die Idee ist nicht schlecht, aber ich glaube, die Kröten haben zu kleine Arme und Hände, um solch Erdmassen in Bewegung zu setzen. Wir brauchen Tiere, die gewohnt sind, Erdreich umzuschichten. Hm, mal sehen, wer könnte dafür in Frage kommen?"

Mr. Fred saß in inmitten der Tiere und blickte grübelnd zum Himmel, als ob dort eine Antwort stünde. Gebannt starrten alle den Hund an.

„Schwarzarbeiter müsste man haben", seufzte Flosse.

„Aber natürlich, Flosse, Schwarzarbeiter, du hast ins Schwarze getroffen!" Wie elektrisiert sprang der Mops auf: „Die Maulwürfe, die können uns helfen. Die haben doch einen Schwarzarbeitertrupp! Die machen nichts anderes als Tag für Tag Erde bewegen! Was haltet ihr davon?"

„Nun, es wäre einen Versuch wert", äußerte sich zögerlich Poseidon, „ich bin dafür!"

„Ich auch", stimmten auch Silberling und Flosse zu. Immer mehr Stimmen riefen „Ich auch", so dass an der Entscheidung kein Zweifel mehr bestand. Der Garten war einmal mehr erfüllt von vielen verschiedenen Tiergeräuschen. Und wieder einmal fragten sich die Menschen in ihren Häusern, was denn nur mit der Tierwelt geschehen sei.

„Krähen, ihr habt weite Schwingen, fliegt los und sucht den „schwarzen Peter", den Anführer der Maulwurfgang! Beim Spazierengehen habe ich einige Hügel in den Wiesen unten am Bach gesehen, dort könnte er sich aufhalten. Sagt ihm es ist sehr dringend und er soll alle anderen Projekte liegen lassen. Außerdem soll er um Gottes Willen keine Hügel auf diesem Grundstück hinterlassen, sonst werden meine Menschen sauer und stellen Fallen auf. Das wäre es dann mit Teichbau."

„Kra, wir schwingen die Schwingen!"

Mit diesen poetischen Worten erhoben sich die beiden Krähen in die Lüfte.

„Es gibt noch mehr zu tun. Wir müssen unbedingt herausfinden, wer den Teich sabotiert hat!"

„Das ist richtig, Mops und das ist außerdem verdammt wichtig! Gut gemacht!" kommentierte Poseidon.

„Und es bleibt die Frage nach einer neuen Folie! Hört euch alle um. Das gilt vor allen Dingen für alle Vögel. Ihr kommt am meisten rum! – Oh, Moment mal, Sekunde, brat mir einer nen Storch, ich hör was Wunderbares!"

Von Mr.Fred war ab sofort nur noch eine Staubwolke zu sehen.

„Der Nachtbus", riefen alle im Chor und brachen in tosendes Gelächter aus.

Zwei liederliche, vermummte Gestalten nutzten die Lachsalve, um sich lautlos aus ihrem Versteck zurück zu ziehen, um als dann finstere Pläne zu schmieden.

„Die Tiere da draußen hören sich an, als würde sie lachen, Jan. Ach, mir ist gar nicht zum Lachen zu Mute. Aber na ja, dann können wir ja immer noch so einen kleinen Fertigteich bauen. – Ich hol jetzt den Hund rein und dann geh ich schlafen. Schnell diesen Tag vergessen," mit schweren Schritten ging Amelie auf die Terrasse und pfiff Mr.Fred herbei, der mal wieder für den Bus viel zu langsam gewesen war und seine Jagd recht schnell aufgegeben hatte.

Hilfsarbeiter

„Da, kra, da! Sieh nur, Krähe, da sind lauter Hügel." „Ja, kra, ja Krähe, ich seh sie auch! Lass uns hier schlafen und morgen früh versuchen wir unser Glück."

„Nein, wir müssen uns beeilen, kra, notfalls wecken wir die Bande! Bestimmt hocken sie in ihren Wohnzimmern, kra, kra."

Nur ungern sprachen die Krähen so viel. Sie flogen lieber durch die Lüfte und lieferten sich kleine Kämpfe mit Bussarden und Milanen.

Hierbei kam es auf Geschicklichkeit an. Eben noch hoch in der Luft, im nächsten Augenblick in rasantem Sturzflug Richtung Erde. Ja, das war ihr Leben. Aber die Tiere im Garten taten ihnen leid, allen voran die Fische, deren Schicksal ja mehr als ungewiss war.

Im Allgemeinen waren die beiden Krähen eher Einzelgänger, von den anderen nicht unbedingt zu Unrecht mit Missachtung gestraft, lieferten sie sich doch oft Späße auf Kosten anderer.

Radaubrüder - unter diesem Namen waren die beiden großen, schwarzen Vögel bestens bekannt. Hatte man jedoch erst einmal Freundschaft mit ihnen geschlossen, waren es die treuesten Kumpel, die man sich vorstellen konnte.

Den kleinen Mops hatten sie sich auch oft als Ziel ihrer Streiche ausgesucht. Da waren sie vor ihm langsam her stolziert und hatten gerufen: „Kra, wir sind von Adel, wir haben gar einen Frack an, ha, ha" – in Anlehnung an Mr.Freds Stammbaum – Mr.Fred hatte zum Sprung angesetzt, denn wie alle Hunde hatte auch er einen, wenn auch nicht sehr ausgeprägten, Jagdtrieb.

„Und Adel verpflichtet! Nämlich zum Wegfliegen, kra, kra, kra, ha, ha! Und Dickmöpse können nicht fliegen!"

So erhoben sie sich in die Lüfte und der Hund sprang ins Nichts. Anschließend konnte man ihr Lachen bis weit in das Städtchen hinein hören.

Als sie nun allerdings sahen, wie sehr sich der Mops um die anderen Tiere sorgte, traten sie an ihn heran und boten ihre Freundschaft an. Bei den Krähen musste eine Freundschaft richtig abgeschlossen werden und so hatte man sich zu Beginn der Katastrophe in einem feierlichen Rahmen Treue und Zusammenhalt bis ans Ende aller Tage geschworen.

„Na gut, versuchen wir unser Glück", meinte nun die eine Krähe, „jeder nimmt sich einen Haufen nach dem anderen vor."

So watschelten zwei Krähen in der aufziehenden Nacht über eine mit Maulwurfshaufen übersäte Wiese, steckten ihre Köpfe in die Haufen und riefen laut „Kra, Kra". Jedenfalls hätten das die Menschen verstanden.

„Waf if denn daf für ein Krach? Wer ftört uns in unferer Nachtruhe?"

„Komm herauf, schwarzer Peter, wir müssen mit dir reden, kra! Lass dich nicht lange bitten, kra, wir reden nicht gern, das weißt du doch, kra! Und es ist wichtig!"

Langsam schob sich die rüsselförmige Nase des Maulwurfs durch die schwarze Erde, bevor sein walzenartiger Körper folgte.

„Daf muf aber waf ganf wichtiges fein, wenn ihr mich von meinen Abendeffen wegholt!"

Seine Knopfaugen blinzelten die Krähen missmutig an. Mit dem schwarzen Peter war nicht besonders gut Kirschen essen, er und seine Gang waren eigentlich Einzelgänger, nur zu besonderen Gelegenheiten, Skat spielen war eine davon, taten sie sich mit ihresgleichen zusammen.

Das Glück war, dass die Maulwürfe allesamt bestechlich waren und eben dieses nutzten die Krähen aus.

„Die Tiere aus der Menschensiedlung benötigen deine und die Hilfe deiner Freunde."

Die Krähen berichteten kurz und knapp was in den letzten Tagen geschehen war und fügten am Ende hochgestochen hinzu: „Eure Arbeit wird bis über die Grenzen der Menschensiedlung geschätzt, es sollte euch allen eine Ehre sein, kra, für den Mops und seine Schutzbefohlenen zu arbeiten, kra, kra, kra."

„Von Ehre allein werden wir aber nicht fatt." Der schwarze Peter gähnte und wandte sich ab.

„Da muf fon mal waf anderef kommen."

Seine großen Schaufelhände machten dabei eine unmissverständliche Geste.

„Ich hab´s geahnt, Bruder", flüsterten sich die Krähen zu, „das sieht auch nach Arbeit für uns aus!"

„Ok, du Halsabschneider, kra, wieviel willst du?"

„Fagen wir mal für den Anfang fechfig, bei Fertigftellung noch einmal hundertfwanfig."

„Fünfzig sofort und hundert bei Fertigstellung, kra! Mehr gibt es nicht, basta! Schlag ein, Peter!"

„Alfo gut, hier meine Hand drauf."

„Macht euch gleich auf den Weg, es eilt, kra!"

Seinem Bruder zugewandt flüsterte die Krähe: „Naja, ich hatte mit mehr gerechnet! Aber trotzdem werden wir ordentlich schuften müssen, um die 150 Regenwürmer zu fangen!"

Zweiter Versuch

„Das ist doch jetzt nicht wahr, Ami, oder? Guck mal raus in den Garten!"

Jans Gesichtsausdruck wechselte zwischen Wut, Empörung und Unglaube.

„Es scheint, als hätte sich wirklich alles und jeder gegen uns verschworen. Nicht genug, dass unser tolles Teichprojekt den Bach runter gegangen ist, nein, nun gräbt sich auch noch eine Maulwurfsschar durch unseren Garten!"

Er lachte freudlos. „Mann, Mann, gut, dass wir diesem allen für zwei Wochen den Rücken kehren und Urlaub machen."

„Ja, das ist wohl wirklich wahr! Wenn wir zurückkommen, werden wir uns ganz in Ruhe überlegen, was wir mit dem Garten machen werden, nicht Jan? Alles wird gut." Amelie lächelte ihn an.

„Meine süße Kleine, du verlierst auch nie den Mut, was? Wenn ich dich nicht hätte."

Zärtlich drückte er sie an sich und gab ihr einen Kuss auf die Nasenspitze: „Schauen wir, was unser Mops zu den neuen Gartenbewohnern sagt!"

Aber für Mr. Fred war dieses alles gar nicht überraschend. Hatte er sich doch in der Nacht aus seinem Körbchen geschlichen und am Küchenfenster den Einzug der Maulwürfe sehnsüchtig erwartet. Erst als der Rasen wir gepflügt aussah, hatte er sich auf leisen Sohlen zurück in sein Bettchen gemacht, wissend, dass genügend schwarze Männer anwesend waren, um einen Teich auszuheben.

Als ihn nun aber seine Menschen in den Garten ließen, schaute er sich scheinbar verwundert um, rannte zu jedem einzelnen Haufen, schnupperte dran und hob ab und an sein Beinchen.

„Ach, es fällt mir so schwer, den Hund zu Kalle und Tina zu geben", seufzte Amelie, „aber Griechenland ist eben nichts für ihn. Mein armes Freddelchen!" Oh, er hasste es, wenn sie das sagte!

Natürlich war auch er traurig, dass er nicht mit in den Urlaub konnte, aber unter den gegebenen Umständen konnte ihm nichts Besseres passieren! In aller Ruhe würde er mit den Maulwürfen und den Gartentieren die weitere Vorgehensweise besprechen können. Da Kalle und Tina außer Adrenalin auch noch einen alten Kater besaßen, gab es im Haus eine Katzenklappe, die auch Mr.Fred als Ein- und Ausgang dienen würde.

Nach einem auf Amelies Seite tränenreichen Abschied von Mr.Fred, kehrte gegen Abend Ruhe in die Siedlung ein.

Die Menschen saßen vor ihrem Fernseher und knabberten die gelben, knackigen Würmchen, die Adrenalin genauso gerne naschte wie der Mops auch. Heute hatte Mr.Fred allerdings Wichtigeres zu tun. Adrenalin war in seinen Plan eingeweiht. Gesenkten Hauptes schlich der kleine Hund um das Sofa herum und schaute Tina mit seinen braunen Kulleraugen traurig an.

Leise schnaufend ging zu seinem Körbchen, das außer Sichtweite des Sofas stand und legte sich hinein.

„Der Arme hat bestimmt großes Heimweh! Lassen wir ihn am besten erst einmal ganz in Ruhe. Morgen sieht dann die Welt schon wieder anders aus."

Genau das hatte er bezweckt! Fluchs sprang er aus dem Körbchen, schlüpfte leise durch die Katzenklappe und raste im Eiltempo in den häuslichen Garten. Wie gut, dass er das Loch im Zaun hatte!

Poseidon schwamm schon aufgeregt in dem kleinen Kübel hin und her. Die Maulwurfmannschaft saß im Kreis (eigentlich in zwei Kreisen, das Becken war wirklich sehr klein) um ihn herum.

Sie schauten gelangweilt dem Mops entgegen.

„Fo, waf if denn nun lof? Und wo if unfere Anfahlung?"

„Immer langsam, schwarzer Peter! Die Krähen haben sich schon auf den Weg gemacht, die ersten Regenwürmer zu besorgen. Noch habt ihr zu dem noch nichts getan, dem wir unsere Anerkennung zollen müssten!"

Mr.Fred fand, das hatte er besonders gut gesagt und seine Worte verfehlten ihre Wirkung auch nicht.

„If ja fon gut, Mopf, fag, waf follen wir tun?" Mürrisch kam der schwarze Peter ihm entgegen und hielt ihm seine Schaufelhand hin: „Ok, guten Abend erftmal!"

„So gefällst du mir schon besser! Es geht hier um die Rettung des Teiches. Poseidon, unser ältester und weisester Goldfisch wird dich und die anderen Maulwürfe gleich in eure Arbeit einweisen. Die ganze Sache muss innerhalb von einer Woche fertig gestellt werden."

Sämtliche Tieraugen waren auf Poseidon gerichtet.

„Dann feig mal her, Goldlocke, wo foll hier die Poft abgehen?"

„Ein bisschen mehr Respekt, wenn ich blubbern äh, bitten darf!" empörte sich Poseidon. „Ich hab es hier alle Nase lang mit ungebildetem Volk zu tun", brummelte er vor sich hin.

Etwas später bemerkte Mr.Fred zufrieden, dass Poseidon und der schwarze Peter bereits am Fachsimpeln waren. Er drehte sich um, unterdrückte mit Mühe ein Gähnen und sagte: „Ich werde hier jetzt wohl nicht mehr gebraucht. Morgen komme ich zeitig wieder und sehe nach euch, gute Nacht allerseits!"

In den nächsten Tagen ging die Arbeit gut voran.

Die Maulwürfe gruben eifrig und verspeisten nebenher einige der Regenwürmer, die ihnen die Krähen brachten.

In den Arbeitspausen spielten die Maulwürfe ihr geliebtes Skat, während dieser Zeit hatten sie nur Augen für das Spiel. Eines Abends schlich sich leise bei dieser Gelegenheit ein Räuber in den frisch ausgehobenen Teich, wohl wissend, dass dort ein leckeres Abendmahl auf ihn wartete.

„Lof Grotte, du mufft geben! Ef wird gleich dunkel, laff unf fnell noch ne Runde fpielen."

„Reitf mich nicht fon vorher", lachte Grotte und teilte die Karten aus.

„Ok, 20."

„24", reizte der schwarze Peter weiter.

„Ich paffe", ließ sich Helmchen, der jüngste Maulwurf, vernehmen.

„Ok, dann fag ich noch Re", setzte der schwarze Peter einen drauf.

„Nein, kein Reh! Fuchf!" stammelte Helmchen und bekam große Augen.

„Fuchf! Das heift doch Contra, du Flaumeier!"

„Nein, Peter, hinter dir! Ganf eindeutig ein Fuchf!"

„Ein Fuchf?" Peter warf einen Blick hinter sich. „Überredet", rief er, warf seine Spielkarten achtlos auf die Erde und suchte panisch nach einem Eingang ins Erdreich.

Die anderen Maulwürfe, die in jeweils 3er Grüppchen zusammengespielt hatten, taten es ihm nach. Kleine schwarze Gestalten sah man nun hin und her wuseln bis sich plötzlich mit lautem Gebell Adrenalin auf den Fuchs stürzte und sich drohend vor ihm aufbaute.

„Mach, dass du hier fortkommst, Fuchs, du hast hier nichts zu suchen! Geh in den Wald zurück, lauf!"

Der Fuchs wich zurück und fauchte: „Ist ja schon gut, Hund, ich hau ab. Aber sag ehrlich: „Du hättest dir so ein Mahl auch nicht entgehen lassen!"

„Wir halten hier alle zusammen, um den Tieren im Teich zu helfen und ihnen ein neues Zuhause zu schaffen, das werden wir uns von dir nicht kaputt machen lassen!"

„Sehr nobel, sehr nobel", der Fuchs sprang elegant aus dem Teichbecken, putzte sich sein Fell und stolzierte hocherhobenen Hauptes aus dem Garten in die Dunkelheit der Nacht.

„Daf war aber knapp, danke du grofer Riefenhund."

Mit einer kleinen Verbeugung zollte der Maulwurf dem Jagdhund seinen Dank.

„Mein lieber Schwan, bin ich froh, wenn dieses

Teichprojekt endlich ein Ende hat. Ich kann ja nicht mehr in Ruhe schlafen!"

Die nächsten Tage verliefen friedlich in großer Eintracht. Die Krähen organisierten die Regenwürmer, die Maulwürfe buddelten. Mr. Fred und Adrenalin vergnügten sich mit Kalle und Tina und alles wäre in schönster Ordnung gewesen, hätte da nicht wieder eine der Krähen gerufen:

„Kra, Gefahr im Anmarsch, der Löwe...!"

„Schon wieder der Löwe? Was soll das nur heißen?"

„Hör nicht drauf, Fred, die wollen uns nur wieder ins Bockhorn jagen, es gibt hier keine Löwen", sagte Adrenalin.

„Ich weiß, aber das letzte Mal, als die Krähe das gerufen hat, ist der Teich sabotiert worden."

„Ach Unsinn, das läuft doch alles planmäßig. Morgen schauen wir uns nach einer Plane um. Ich habe gehört, wie mein Frauchen sagte, sie brauche Blumen. Das heißt, wir fahren mit dem Auto – oh ich liebe Autofahren", Adrenalins Augen glänzten vor Freude.

„Komm zur Sache!"

„Ja doch, also wir fahren mit dem Auto in den Baumarkt und dort können wir uns schon mal nach einer Teichplane umsehen!"

„Das ist ja wirklich genial, Addi, aber ich habe

trotzdem ein ungutes Gefühl! Was meinen die Krähen mit Löwe?"

Eine dunkle Wolke schob sich in diesem Augenblick vor die Sonne. Mr.Fred und Adrenalin sahen sich erschrocken an.

„Ein Zeichen des Himmels, glaube mir, wie müssen auf der Hut sein!"

Die Hunde beschlossen, noch öfter Kontrollgänge einzulegen als sie es sowieso schon taten. Auch die anderen Tiere hatten immer ein Auge auf den Teich. Nuss und Knacker hatten einen Beobachtungsposten im Kirschbaum, Boskop ging frühmorgens seine Runde und die Krähen spähten hoch oben aus der Luft. Aber nie hatte einer etwas Verdächtiges entdeckt. So ging dann auch dieser Tag seinem Ende entgegen. Aber die abendliche Stille war trügerisch und das ungute Gefühl, dass Mr.Fred wegen des Ausspruchs der Krähe hatte war nicht unbegründet.

Die Nacht war da. Am Abend hatte es kräftige Gewitter mit Blitz und Donner gegeben. Alle Tiere ohne Ausnahme hatten Angst vor diesen gewaltigen Ausbrüchen der Natur und suchten Schutz in ihren Höhlen, Nestern oder wie Mr.Fred und Adrenalin bei ihren Menschen.

So kam es, dass in dieser Nacht der Teich vollkommen verlassen und in tiefster Dunkelheit dalag. Der Regen plätscherte stetig aus dem wolkenverhangenen Himmel, der Wind rauschte unheilvoll durch die Bäume und ließ den Garten in einem gespenstigen Szenario erscheinen.

Wieder einmal schlichen sich zwei Gestalten, angeführt von zwei sehr wachsamen Vierbeinern, zu dem Teich. Vor dem Regen und vor Blicken mit dunklen Capes geschützt, machten sie sich daran, die Arbeit der Maulwürfe zu zerstören. Schaufel um Schaufel wurde das Loch erneut zugeschüttet. Eben wollte Maria Quarkwass eine kleine Nachtmusik zum Besten geben, Frösche sind nicht ganz so ängstlich bei Gewitter und singen oft kurz danach, da entdeckte sie die beiden Menschen, die sich an dem Teich zu schaffen machten.

„Ja, was tut ihr denn da? Seid ihr denn verrückt geworden? Wer seid ihr?"

Natürlich konnten die Menschen sie nicht verstehen, machten sich im Gegenteil noch über sie lustig.

„Boa, was ein dicker fetter Frosch, ist der hässlich, findest du nicht auch? Plustert sich hier auch noch auf, als hätte er was zu sagen! Soll ich den mal verjagen?"

„Nee, zeig doch mal Tequila oder Sunrise den fetten Kerl."

„Kerl? Ich? Ich bin eine Dame! Grundgütiger Himmel, sind diese Menschen ungebildet."

Noch während sich Maria furchtbar über diesen Mangel an Intelligenz erzürnte, sah sie in der Dunkelheit vier grüne Augen aufleuchten.

„Ach du grüne Neune, Katzen!" quakte sie laut und sprang mit Riesensätzen auf die Kübel, in denen die Fische verweilten, zu.

„Achtuuuuung, ich komme", rief sie den Fischen zu.

Mit einem dicken Platsch landete sie im Wasser. Kleine Wellen brandeten an den Kübelrand und viele verschlafene Fischgesichter wandten sich ihr zu.

„Was ist denn das für ein Lärm hier?" fragte Poseidon.

„Poseidon, stell dir vor, ungebildete Menschen treiben hier im Garten ihr Unwesen!"

Aufs tiefste empört quakte Maria drauf los.

„Der Reihe nach, Maria, immer schön der Reihe nach", versuchte Poseidon sie zu beruhigen.

„Ja dann sieh doch selber nach", seufzte sie.

„Dort draußen tummeln sich zwielichtige Gestalten. Sie zerstören die Arbeit der Maulwürfe. Es ist nichts mehr zu retten, die Teichgrube ist bereits über die Hälfte wieder zugeschüttet!"

„Das hat uns gerade noch gefehlt! Wer tut denn nur so etwas? Uns jedoch sind hier im Kübel die Hände gebunden. Keiner kann den Menschen dort draußen Einhalt gebieten."

Eine hoffnungslose Stille breitete sich aus. Still verzogen sich alle Fische und Maria in ihre Ecken und ließen den Geschehnissen ihren Lauf.

Der Morgen dämmerte, aber es war kein schöner, sonniger Frühsommertag! Dunkle Wolken rasten über den Himmel und ließen der Sonne kaum eine Chance, ihr warmes, helles Licht über die kleine Stadt zu ergießen.

Mr.Fred kuschelte sich noch einmal in sein Körbchen, große Lust zum Aufstehen hatte er nicht. Außerdem zwickte es ihm ein bisschen im Bauch! Ami und Jan fehlten ihm. Er seufzte tief. Und wie sie ihm fehlten!

Ami mit ihren weichen Händen, wenn sie morgens sein Bäuchlein kraulte und Jan, der immer zu einem kleinen Raufer am Morgen aufgelegt war!

In der ganzen Aufregung hatte er kaum an sie gedacht, aber nun, da er alleine in seinem Körbchen lag, dass nach zu Hause roch, schlich sich leise das Heimweh herein. Und noch so furchtbar lange, bis er sie wieder sah! Er legte seinen Kopf träumend auf den Rand des Körbchens.
Plötzlich aber schrillten alle Alarmglocken. Er sprang auf und horchte. Irgendetwas war anders als am gestrigen Morgen. Da hatte er die vielen kleinen Maulwürfe gehört, wie sie sich gegenseitig Arbeitsanweisungen zuriefen.

Nun aber drangen aufgeregte Stimmen zu ihm durch die geschlossene Tür. Seine Trauer und Müdigkeit waren mit einem Mal verflogen. Schnell schlüpfte er durch die Katzenklappe, um den Grund für den Aufruhr zu erfahren. Durch die Hecke klangen die Stimmen immer noch gedämpft zu ihm, aber die Empörung und auch

Angst waren ihm nicht entgangen. Eilig lief er auf das Loch in der Hecke zu, sein Herz klopfte bis zum Hals und blieb dann wie vom Donner gerührt am Rande des Gartens stehen.

Dort, wo noch gestern eifrig gearbeitet wurde, saß nun ein Haufen Maulwürfe auf einem riesigen Schlammberg und schaute verdrießlich drein.

„Daf ift wirklich eine Unerhörtheit, wer befahlt uns jetzt? Allef kaputt, allef im Eimer, eine Woche harter Arbeit! Und wer befahlt unf jetzt?"

„Meine Güte, schwarzer Peter, kannst du nur an die Bezahlung denken? Was sollen wir Fische jetzt machen? Aus dem Kübel hüpfen, dann hätte sich das Problem von allein erledigt, oder wie?" Poseidon schleuderte dem Maulwurf die Worte entgegen.

„O du mein Gott", ließ sich nun Mr. Fred vernehmen.
Er war langsam näher gekommen und konnte nun das ganze Ausmaß der Zerstörung sehen.

„Da ist ja wirklich die ganze Arbeit umsonst gewesen! Und die Hälfte der Urlaubszeit meiner Menschen ist schon rum. Wie sollen wir das nur schaffen? Und vor allen Dingen: wer hat das getan?"

Rettung

Maria hüpfte hervor und erzählte ausführlich, was sich in der Nacht zugetragen hatte.

„Der eine Mensch, beide waren noch nicht sehr alt, nannte die eine Katze beim Namen. Nun rat mal, welchen Namen er nannte? – Tequila!" Stolz brüstete sich nun Maria, die Verräter entlarvt zu haben.

„Du hast gut aufgepasst, Maria. Wenigstens wissen wir jetzt, wer uns hier ständig sabotiert. Das wird ein Nachspiel haben. Ich werde Adrenalin bitten, ein nettes Wort mit den beiden zu Katzen zu sprechen…."

Mr. Fred zwinkerte schelmisch mit den Augen.

„Aber Spaß bei Seite. Jetzt muss größere Kraft her als die der Maulwürfe – und natürlich werden wir euch bezahlen, das war ja so abgemacht."

Peinlich berührt, weil er sich so wurmgierig präsentiert hatte, drehte der schwarze Peter seine Mütze in den Händen.

„Nun, ich, äh, alfo, wenn ihr wollt, helfen wir euch auch ohne Befahlung. Ef kann ja nicht angehen, daff wir unf von fwei Menfen und deren blöden Katfen geflagen geben."

Applaus brandete auf und Zuversicht breitete sich auf den Gesichtern der Fische und Frösche aus. Ausnahmsweise waren alle Tiere einer Meinung.

„Das ist sehr nobel und freundlich von euch, aber trotzdem brauchen wir nun Hilfe anderer Art, die Zeit drängt einfach zu sehr."

Mr. Fred machte eine bedeutungsvolle Pause und flüsterte: *„Den Keiler."*

Schlagartig war es mucksmäuschenstill im Garten, die Eichhörnchen ließen vor Schreck ihre Frühstücksnuss fallen, Boskop hielt im Apfelkauen inne und die Fische taten schnell ihre Köpfchen unter Wasser. Die beiden Worte hingen schwer in der Luft, bis endlich Poseidon tief Luft holte und sagte: „Bist du *wahnsinnig*?"

Viele unheimliche Geschichten rankten sich um den großen schwarzen Keiler, der tief im Wald wohnte und den noch niemand der im Städtchen lebenden Tiere zu Gesicht bekommen hatte. Lediglich die Fährte hatte Mr.Fred des Öfteren erschnüffelt, wenn er mit Ami und Jan eine große Wanderung in den Wald unternahm.

Meine Güte, muss das ein großes, schweres Tier sein, hatte er dann immer gedacht und war insgeheim froh, ihm nicht gegenübertreten zu müssen. Nun aber hatte sich die Lage verändert. Nur der Keiler war stark genug, solch Erdmassen zu bewegen.

„Wisst ihr eine andere Lösung?" fragte er schulterzuckend.

Betretenes Schweigen.

„Na also, dann ist die Sache ja klar, ich such ihn!"

Sprach´s und verschwand durch die Hecke, eh er es sich noch anders überlegen konnte. Die zurückgebliebenen Tiere sahen sich stumm an und das leise gerufene „Viel Glück" von Nuss und Knacker erreichte Mr.Freds Ohren nicht mehr.

Den Weg in den Wald fand Mr.Fred beinahe blind, so oft war er schon mit seinen beiden Menschen hierher gegangen. Aber dieses Mal war alles anders. Erschien ihm der Wald sonst immer als der tollste Abenteuerspielplatz, strahlte er heute plötzlich pure Bedrohung aus. Die Tannen türmten sich hoch vor ihm auf, der Wind hatte immer noch nicht nachgelassen und rauschte irgendwie viel zu laut durch das zarte Grün der Bäume.

Mr.Fred blieb am Waldrand stehen und drehte sich noch einmal um. In der Ferne sah er seine Stadt liegen und er hörte ein vertrautes Rauschen von der Landstraße:

„MAN Lion´s Regio C, Überlandbus, Länge 13,01m, Breite 2,55m, Höhe 3,40m, Plätze 60, 287kW/390PS", murmelte er wehmütig.

Am liebsten hätte er auf dem Absatz kehrt gemacht und wäre nach Hause gelaufen. So aber sah man einen kleinen mutigen Mops tapfer ein Pfötchen vor das andere setzend in dem Wald verschwinden.

„Wenn doch wenigstens die Sonne schiene, ich hab auch so schon genug Angst ", dachte Mr.Fred.

Einen Plan hatte er sich auch nicht zurechtgelegt, war einfach Hals über Kopf davongerannt. Nun lief er unsicher den Weg ein Stück weiter und schaute sich unschlüssig um. Plötzlich raschelte es neben ihm im Laub. Ein kleines Stimmchen schimpfte los.

„Immer diese blöden Stadthunde, gucken einfach nicht wo sie hintreten, walzen alles nieder, trampeln und scharren! Unmöglich! Sind ja so verwöhnt, die Herrschaften! Wo ist jetzt mein Hauseingang geblieben?"
Ein kleines graues Mäuschen baute sich vor Mr.Fred auf und stützte seine kleinen Ärmchen in die Hüfte.

„Na los, such mir meinen Eingang wieder!"

„Vorsicht, Steilzahn, auch Hunde fressen manchmal Mäuse."

Eine weitere, etwas größere Maus lugte vorsichtig unter einem Blatt hervor.

„Ich aber nicht, ich tu euch nichts. Und Entschuldigung, dass ich den Eingang verschüttet hab, ich reparier es wieder."

Mit Erdarbeiten war er ja nun vertraut!

„Was tust du hier allein, Hund? Hast du keinen Menschen? Wenn nicht, pass auf die Jäger auf. Die sind böse und erschießen dich, wenn du keinen Menschen hast und hier allein im Wald läufst!"

„Ich habe Menschen, aber die sind nicht da und ich muss unbedingt den Keiler finden."

Und so erzählte Mr.Fred den beiden kleinen Mäusen die ganze Geschichte.

„Hm, der Keiler wohnt tief im Wald, er lässt sich hier am Waldrand eher selten blicken, und so können wir dir eigentlich nicht recht helfen, ihn zu finden."

Der Mäuserich kratzte sich am Kinn. „Aber warte mal, die Vögel kommen im ganzen Wald herum, ich pfeif mal ein paar Meisen herbei."

Kurze Zeit später zwitscherten viele kleine Meisen aufgeregt durcheinander.

*

Unterdessen hatten sich die Gemüter der zurückgebliebenen Tiere nur zum Teil beruhigt.

„Hoffentlich passiert dem Plattkopf nichts. Rennt einfach los durch das Loch in der Hecke, um sich mit dem Keiler anzulegen. Sehr unvernünftig aber auch sehr mutig", grummelte Poseidon.

„Wir hätten ihn begleiten können", meldeten sich sowohl Boskoop als auch Maria zu Wort.

„Das ist ja wohl ein Witz! Boskoop wäre gleich an der ersten Straße überfahren worden und du Maria, du wärest schön vertrocknet auf dem langen Weg ohne Wasser, oder auch von einem Auto überfahren worden. Nein, er musste tatsächlich allein diese Reise antreten. Wollen wir gemeinsam unseren Schutzpatron, Franz von Assisi um Hilfe bitten!"

Eine Zeit lang herrschte Stille. Alle schickten ein Stoßgebet gen Himmel.

Dann ergriff Poseidon abermals das Wort: „Wir wollen hier aber nicht tatenlos warten, bis unser Mops zurück kommt, sondern uns auch weiter um die Fertigstellung des Teiches bemühen. Mit dem Loch allein ist es nicht getan. Wir benötigen eine Plane, damit das Wasser nicht im Boden versickert. Wer weiß, wo man so etwas herbekommt?"

„Ich weiß es!" Adrenalin war unbemerkt zu der Gruppe gestoßen. „Habe ich richtig gehört, Mr.Fred ist allein in Wald zum Keiler? Hut ab vor diesem Mops sage ich da nur!"

„Adrenalin, du könntest seine Rettung sein. Renn hinterher und hol ihn zurück!"

Boskoop hüpfte aufgeregt von einem Bein aufs andere.

„Blubb, das ist keine gute Idee, Stachelkopf, der Keiler wird das Jagdblut in Adrenalin wittern und unter Umständen ohne weitere Fragen unseren Mops auf links drehen, blubb!"

„Du hast recht", seufzte der große Hund, „ich habe mir dieselben Gedanken gemacht und bin auch zu diesem Schluss gekommen. Unser Mops muss das allein schaffen. – Aber zurück zum Teich. Solch eine Plane gibt es im Baumarkt. Sie liegt dort im Freigelände. Ich bin schon öfter mit meinen Menschen dort gewesen und konnte mich in Ruhe umsehen. Diese Plane ist aber sehr schwer, wer soll sie tragen? Und wie werden die Menschen reagieren, wenn Igel, Eichhörnchen, Hunde und Co. in deren Baumarkt marschieren? Nicht zu vergessen, die Menschen wollen für alles Geld haben!"

„Hm, hm, hm, blubb, blubb, blubb. Im Freigelände? Mit oder ohne Dach? Eingezäunt oder nicht eingezäunt?"

„Eingezäunt, mit Wellblech drüber", gab Adrenalin Auskunft.

„Blubb, gut, gut. Genug Raum zwischen Wellblechdach und Zaun?"

„Jepp!"

„Dann habe ich die Lösung! Wir benötigen viele Krähen, Milane und Bussarde! Diese werden die Plane aus dem Baumarkt hierher fliegen." Er räusperte sich etwas verlegen: „Bei den Menschen würde man so etwas wohl Diebstahl nennen!"

*

Also gut, Hund, wir werden dir etwas weiterhelfen können. Folge dem Weg weiter in den Wald, solange, bis der Laubwald in Tannenwald wechselt, tief im Tannenwald wohnt er, der große Keiler!"

Die letzten Worte der Meisen klangen ehrfurchtsvoll. „Wir fliegen ein Stück mit dir! Auf!"

Und schon ging unter lautem Gezwitscher die Reise weiter. So schnell ihn seine kleinen Beinchen trugen, rannte Mr.Fred den Meisen hinterher. Je weiter er lief, desto weniger kannte er sich aus. Aber die Gesellschaft der Vögel tat ihm gut. Sie waren so fröhlich und brachten ihn oftmals zum Lachen. Nach einiger Zeit aber wurde das Zwitschern immer leiser und verhaltener.

„Mops", flüsterte die Anführermeise, „wir sind jetzt an dem Punkt angelangt, an dem du die Reise alleine weiterführen musst. Dort oben beginnt der Tannenwald, dort hinein werden wir dir nicht mehr folgen!"

Die Meise deutete mit dem Flügel auf eine Anhöhe. Mr.Fred schluckte, aber der Kloß im Hals blieb.

„Danke, ihr lieben Meisen, dass ihr mir geholfen habt! Das war sehr freundlich von euch!"

„Wir wünschen dir viel Glück" riefen ihm die Vögel noch zu und waren im gleichen Moment zwischen den Bäumen verschwunden.

Angst

Plötzlich war es ganz still um den Hund herum. Jeder seiner Schritte brachte die verdorrten Blätter des letzten Winters zum Knirschen. Langsam arbeitete er sich bis auf die Anhöhe vor und blieb wie angewurzelt oben stehen.

Düster erhob sich der Nadelwald vor Mr.Fred, es schien, als wolle er mit seinen Nadeln, die wie lange, stachelige Finger aussahen, nach ihm greifen.

In diesem Moment verließ ihn vollkommen der Mut, er machte auf dem Absatz kehrt und lief ein Stück den Weg zurück. Nach ein paar Schritten hielt er inne.

„Was mache ich denn da?" fragte er sich ärgerlich. „Jetzt bin ich so weit gekommen, da lasse ich mich doch von ein paar Bäumen nicht einschüchtern! Wäre doch gelacht! Ich will es doch allen zeigen, dass ich auch zu was nutze bin, also reiß dich zusammen. Bin ich nun ein Schaf im Mopspelz oder ein Mops im Schafspelz?"

Mit diesen Worten stürzte er abermals auf die Anhöhe, rannte bis zum Eingang des Tannenwaldes und hob an der ersten Tanne sein Beinchen.

„So, zum einen für Adrenalin, dass er weiß, wo ich hergelaufen bin und zum anderen aus Trotz vor der Angst, die ich empfunden habe."

Nachdem er dieses Zeichen gesetzt hatte, musste er nun unweigerlich den Wald betreten, es gab kein Grund mehr, es nicht zu tun. Also holte er tief Luft und schlängelte sich durch die ersten hohen Tannen in den dunklen Wald hinein.

Schon nach ein paar Schritten ließ die Helligkeit merklich nach, die Sonne, die sich einen Weg durch die Wolken gebahnt hatte, drang nur noch spärlich durch die Bäume. Auch die Geräusche wurden durch den Tannenwaldboden seltsam gedämpft.

Kein Vogel tirilierte, kein Eichhörnchen und kein Mäuschen kreuzten seinen Weg. So stapfte Mr.Fred weiter und weiter. Diese unheimlich Stille, als würde die Erde stillstehen, machte ihm am meisten zu schaffen. Nur ab und zu knarrte ein Baum und ließ ihm einen Schauer über den

Rücken laufen. Trotzdem wurde Mr.Fred langsam müde, war er doch ohne Pause unterwegs gewesen. Die Stille und die Dunkelheit verschärften noch seine Gedanken an Schlaf.

„Nur ein halbes Stündchen", sagte er sich. Unter einer Fichte im warmen Unterholz ließ er sich nieder und schloss die Augen.

*

„Kra, kra, die Milane fragen an, ob sie sich an den Tieren, die im Baumarkt verkauft werden, bedienen dürfen. Der Falke macht nur mit, wenn ein entsprechender Schutzvertrag – wegen der Milane und Bussarde- aufgestellt wird, die Eulen wollen unbedingt vor Morgengrauen zurück sein und die Bussarde…."

„Stooop!" Der verzweifelte Ausruf Poseidons ließ Krähe eins abrupt innehalten. „So geht das nicht. Wir können nicht für jeden Vogel eine Extrawurst braten. Entweder sie helfen uns aus freien Stücken – es gibt ja schließlich so etwas wie einen Ehrenkodex unter den Tieren- oder sie lassen es ganz bleiben. Ich habe weder die Zeit noch die Lust, mich um all die verschiedenen Wünsche zu kümmern!"

Seufzend tauchte der Fisch kurz unter, um Luft zu schöpfen. Es wird Zeit, dass diese Sache zu einem Ende kommt, dachte er bedrückt.

„Kra, was ist ein Ehrenkodex?" fragte Krähe zwei.

„Der Ehrenkodex besagt, dass sich alle Tiere, wenn sie in Not geraten gegenseitig helfen, ohne einander zu fressen und Bedingungen zu stellen. Diesen einzuhalten ist aber jedem freigestellt", flüsterte Boskoop genauso leise zurück.

„Na ja, ist ja auch nicht jedermanns Sache, solch ein Ehrenkodex", murmelte daurauf hin die Krähe und dachte an den Maulwurf, der unverschämt viele Regenwürmer für so ein bisschen Grabearbeit gefordert hatte.

„Bitte liebe Krähen, haut noch einmal ordentlich auf den Putz bei den Königen der Lüfte und appelliert an deren Tierlichkeit" (Menschlichkeit konnte er ja nicht sagen, es sind ja Tiere, Anmerkung des Autors), forderte Poseidon die Krähen nochmals auf.

„Wird gemacht, Poseidon, wir lassen nicht locker, kra!"

Kurz darauf sah man von den Krähen nur noch zwei kleine schwarze Punkte am Himmel (einer der beiden Punkte torkelte etwas, das lag an dem kaputten Flügel).

Nun spürte auch der alte Goldfisch seine Erschöpfung in allen Gräten und ließ sich wie der kleine Mops zu einem Schläfchen nieder.

Der Mops im Schafspelz

„Freddelchen, hast du Hunger? Dann komm in die Küche, die Mama gibt dir was zu fressen. Frisches Fleisch mit Reis und Hüttenkäse!"

In der Ferne hörte er es schon rascheln und wollte sich umgehend in die Küche begeben, als er plötzlich verwundert blinzelte. Wo war sein warmes, kuscheliges Körbchen und wo war seine Ami? Wieder hörte er es rascheln. Langsam öffnete er seine Augen und erkannte mit einem Mal, dass er geträumt hatte. Oje, alles nur ein Traum!

Stopp, nein, nicht alles. Es raschelte immer noch! Vorsichtig hob Mr.Fred seinen Kopf. Merkwürdig, alles blieb still.

Nun gähnte und er streckte er sich und wackelte bedächtig mit seinem Schwänzchen – da war es doch schon wieder, dieses Rascheln!

Er hielt inne. Teufel noch eins, was ist das nur? Noch einmal streckte er sich, wackelte mit seinem Schwänzchen und sah es daraufhin verdutzt an. Nun ging ihm ein Licht auf. Er hatte im Traum in Vorfreude auf sein Futter mit seinem Schwanz gewackelt und somit das Rascheln erzeugt! Puh, mit solch einer Aufregung fing der Tag aber gar nicht gut an.

Noch schlimmer war, dass sich seine Schnauze wie ausgedörrt anfühlte, von seinem knurrenden Magen gar nicht erst zu sprechen. Mühsam rappelte er sich auf.

„Ein Körbchen ist doch wesentlich bequemer, ich spüre jeden Knochen", murmelte er vor sich hin. Langsam trottete er los, im Geiste fasste er die Geschichte noch einmal zusammen.

„Teich kaputt, Fertigstellung sabotiert, ich geholfen, auch fehlgeschlagen, letzte Rettung: Keiler! Au weia! Was hab ich mir da nur eingebrockt! In einem Moment der hoffnungslosen Selbstüberschätzung hab ich mich hinreißen lassen, dieses wilde Tier zu suchen und auch noch um Hilfe zu bitten! Dabei bin ich doch wirklich nur ein Schoßhund. Da hatte Poseidon wohl recht gehabt. Aber ich wollte es ja einfach nicht wahrhaben!"

Andererseits, hatte der freundliche Bauer nicht im Frühjahr noch zu Ami gesagt: „Ihren Hund hätte ich gut gebrauchen können. In meinem Kartoffelacker waren letzte Nacht Wildschweine, die hätten bestimmt Angst vor ihm gehabt."

Dass beide nachher laut gelacht hatten, hatte er zwar nicht ganz verstanden, aber er war mit vor Stolz geschwellter Brust weitergegangen! Da wurde schon über ihn in der Bauernschaft als Wildschweinschreck nachgedacht! Also, ab in die Arena, Kampfmops!

Nachdem er sich auf diese Weise Mut zugeredet hatte, machte er sich etwas unschlüssig auf den Weg. Leider gab es im Wald keine Hinweisschilder und so lief er einfach immer tiefer in die Tannen hinein. Glücklicherweise fand er einen kleinen Bach, an dem er wenigstens seinen Durst stillen konnte.

Plötzlich hob er ruckartig den Kopf. Was war das gewesen? Ein eigenartiger Laut! Das war nicht das Knarren der Bäume!

Schon wieder, ein langgezogenes „Ouiiii" erreichte abermals sein Ohr. Er lief in die Richtung, aus der es kam. Beim Näherkommen erspähte er eine kleine Lichtung, hier wurden die Geräusche immer lauter und furchtbarer. „Ouuii, ouiii, ouiii, ouiii."

So konnte nur ein Tier in höchster Not quieken!

Ouiii, lass mich, ich kann nicht mehr, ouiii, ich sterbe…ouiii!"

„Warte nur, dir zeig ich´s", dröhnte eine tiefe Stimme, „so, hier hast du´s!"

Und wieder dieses schaurige Quieken! Alle Vorsicht, Angst und Bedenken über Bord werfend stürmte der selbsternannte Kampfmops mit lautem Gebell den furchtbaren Schreien entgegen.

„Warte nur, du Untier, ich wird dir Beine ma….", ruckartig blieb Mr.Fred stehen.

Er glaubte seinen Augen nicht zu trauen. Vor ihm auf der Lichtung lag der riesige Keiler, auf ihm drei kleine Frischlinge die immer wieder quiekten und schrien:

„Nochmal Papa, kitzel uns noch einmal!"

Als sie nun den kleinen Hund bemerkten wurden sie still. Mr.Fred stand wie zur Salzsäule erstarrt am Rand der Lichtung und senkte beschämt den Kopf.

„Na, wen haben wir denn da?" brummte der Keiler. „Sieht mir beinahe aus wie ein kleines Marzipanschweinchen mit schwarzer Tarnmaske."

Entrüstet ob dieser Beleidigung begehrte Mr.Fred auf:

„Also, das verbitte ich mir doch nun wirklich! Ein Marzipanschweinchen! Ich bin ein Mops und wenn du es genau wissen willst, ein echter wildschweinjagender Kampfmops!"

„Ein was? Ein wildschweinjagender Kampfmops?"

Einen Moment maß der Keiler den Hund von Kopf bis Fuß, der Moment war kurz, da der Mops klein war und fing dann schallend an zu lachen: „Du hast Nerven! Wenn ich wollte könnte ich dich hier und jetzt ins Jenseits befördern, aber alle Achtung, du hast Mut! So sag mir, was gedenkst du mit mir zu tun?"

Entspannt legte sich der Keiler auf den Rücken und kaute auf einem Gänseblümchen herum.

„Ich also ich..." stammelte Mr.Fred „ich will dich ja auch gar nicht jagen, aber alle erzählen, dass du böse bist und ich hab es quieken gehört und gedacht, du schlachtest jemanden."

Verlegen trat er von einem Pfötchen auf das andere. „Ich hab mich wohl geirrt", setzte er noch schnell hinzu.

„Du hast dich gewaltig geirrt, mein kleines Marzipanschweinchen. Wenn ich eines nicht leiden kann, dann ist es diese üble Nachrede, ich sei und müsse erschossen werden! Ich hab für Frau und Kind zu sorgen und verteidige nur unser Leben. Also, was willst du jetzt wirklich von mir?"

„Ich bin gekommen, um dich um Hilfe zu bitten."

„Um Hilfe? Wobei um alles in der Welt kann ich einem Menschentier wie dir helfen?"

Nun begann Mr.Fred die ganze Geschichte wie schon bei den Mäusen und den Meisen von Anfang an zu erzählen.

„So, so und da bist du den ganzen Weg in den Wald hinein alleine, ohne einen richtigen Plan und auch noch mit Angst im Gepäck zu mir gelaufen. Mein lieber Mops, ich muss noch einmal sagen, du hast großen Mut. Und dieser Mut soll belohnt werden. Ich werde dir helfen."

Sorge und Frohsinn

„Aber wie konnte das passieren? Er läuft doch sonst nicht weg! Wir kommen sofort nach Hause!"

„Beruhige dich, Ami, wir werden Adrenalin auf Mr.Freds Fährte ansetzen, er hat bisher noch immer alles und jeden gefunden", versuchte Tina ihre Freundin am Telefon zu beschwichtigen. „Wir halten euch auf dem Laufenden!"

„Nein, kommt gar nicht in Frage, ich will nach Hause, sofort!"

Ami war den Tränen nahe. Der Anruf kam gerade, als sie mit Jan am hoteleigenen Pool lag und genüsslich einen Cocktail trank. Kalle und Tina hatten wie immer morgens als erstes nach den Hunden geschaut und dabei Mr.Freds Verschwinden festgestellt. Nach einer erfolglosen Suche im Garten und rund ums Haus hatten sie sich entschlossen, Ami und Jan Bescheid zu geben.

„Also gut, ich erkundige mich, wann der nächste Flieger geht, wären ja eh nur noch drei Tage gewesen und mit dieser Ungewissheit im Bauch haben wir auch keine ruhige Minute mehr", seufzend erhob sich Jan von seiner Liege.

*

Lautes Gekrächze und Gezwitscher ließen Poseidon aus seinem Schlaf erwachen.

„Poseidon, wohin mit dem Kram?"

Blinzelnd tauchte der Kopf des Fisches am Rande des Kübels auf.

„Was?"

„Poseidon, werd wach." Flosse ruckelte an Poseidons Schuppen. „Die ganze Kompanie Vögel ist da."

„Vögel? Moment, ja, Vögel! Die Folie! Habt ihr etwas erreichen können?"

„Und wie", krächzte Krähe eins, „aber das so ein bisschen Folie so schwer ist! Das war ein hartes Stück Arbeit. Der Zaun des Baumarktes war schwerer zu überwinden als gedacht, aber unsere Hartnäckigkeit hat letzten Endes doch zum Ziel geführt. Sieh nur!"

Die Krähe ging drei Schritte zur Seite und gab den Blick auf ein herrlich großes Stück zusammengerollter Plane frei.

„Jetzt müssen wir nur noch auf Mr.Fred warten!" gab Krähe zwei zu bedenken.

Bei der Erwähnung des Mopses beschlich Poseidon ein ungutes Gefühl.

„Wenn ihm nur nichts passiert ist", murmelte er leise vor sich hin. „Die Menschen haben jedenfalls schon gemerkt, dass er nicht mehr da ist und sind mit Adrenalin los, um ihn zu suchen." Er seufzte.

„Nun gut, dann warten wir also ab, was uns der heutige Tag noch alles bringen wird!"

*

„Komm Ami, lass uns schnell packen, dann werden wir heute Nachmittag schon zu Hause sein. Falls Mr.Fred dann noch nicht wieder aufgetaucht ist, können wir auch noch suchen."

*

Bester Laune und mit sich und der Welt im Einklang spazierte das ungleiche Paar durch den Wald.

Mr.Fred war so stolz und glücklich wie noch nie in seinem Leben. Immer wieder schaute er hoch zu dem riesigen Keiler und wunderte sich, dass er einmal Angst vor ihm gehabt hatte.

Der Keiler war lustig, er hatte jede Menge spannende und witzige Geschichten zu erzählen.

Das Lachen der zwei schallte fröhlich durch den morgendlichen Wald. Staunend kamen die Meisen geflogen, um sich persönlich davon zu überzeugen, dass dieser kleine Mops es gewagt hatte, den starken Keiler um Hilfe zu bitten.

„Deine Menschen können wahrlich stolz auf dich sein! Klein aber oho!"

So oder ähnlich klang es allenthalben von den Bäumen, aus den Sträuchern und den Erdlöchern ringsum. Alle Tiere, die ihm geholfen hatten, säumten den Weg. Etwas beschämt über so viel Lob räusperte sich Mr.Fred und sagte: „Danke, meine Freunde! Ohne euch aber hätte ich den Keiler nie gefunden. Ihr könnt mir aber noch einen großen Gefallen tun, ihr Meisen! Fliegt in die Stadt und erzählt dem Goldfisch Poseidon, dass ich gesund und munter bin, den Keiler gefunden habe und alles gut werden wird!"

*

Adrenalins Nase hing wie eine Klette auf feuchten Boden. Mr.Freds Fährte hatte er mit Leichtigkeit aufnehmen können und folgte ihr nun in Richtung Wald. Schon war der Waldweg, den der Mops eingeschlagen hatte mit bloßem Auge zu erkennen.

„Weiter so", ermutigten ihn Kalle und Tina. „Such deinen kleinen Freund, such!"

Aus der Ferne hörten sie den Überlandbus kommen, in dem auch Ami und Jan sitzen mussten. Mein Gott, hoffentlich würden sie den Mops finden! Entsetzlich, wenn ihm etwas zugestoßen wäre!

*

Auch Mr. Fred hörte den Bus und diagnostizierte „Megaklasse Bus, Länge 12,24m, 2,55 m breit und 3,68 m hoch. Reisegäste 56. Boah, der hat eine Leistung von 400 PS, da muss ich hin…" Freudig bellend stürzte er los Richtung Straße, der Keiler rief ihm verdutzt hinterher: „So warte doch!"

*

Das Bellen ließ Adrenalin und seine Menschen ruckartig den Kopf heben.

„Da, dort hinten, ich werd verrückt, Mr.Freeeeed", rief Kalle so laut er konnte.

Adrenalin stob voran, es war nur noch eine Staubwolke von ihm zu sehen.

„Was ist das da hinter ihm?" fragte Tina.

„Ein riesen Keiler, ein Wildschwein! Was hat das zu bedeuten?"

Mr.Fred hatte indessen nur noch Ohren für den gewaltigen Bus und rannte was das Zeug hielt auf ihn los.

Auch aus den Busfenstern wurde das Geschehen mit Sorge beobachtet.

„Seht mal, da läuft ein kleiner Hund direkt auf den Bus zu", rief einer der Fahrgäste erschrocken und zeigte auf den kläffenden, rasenden Mops.

„Jan, oh nein, das ist Mr. Fred", voller Entsetzen stieß Ami Jan an, „so tu doch was!"

Kreidebleich stürzte Jan auf den Busfahrer zu: „Um Gottes Willen bremsen Sie!"

Kreischende Busreifen ließen Tina, Kalle und Adrenalin in der Bewegung erstarren. Gebannt schauten alle auf den schlingernden Bus, der nur mühsam zum Stehen kam.

Ein letztes Mal schnauften die Bremsen des Busses, bevor eine Grabesstille sich über den eben noch so fröhlichen Morgen senkte.

„Oh mein Gott, seht nur!"

Einer der Busfahrgäste deutete auf die unwirkliche Szene, die sich vor dem Bus abspielte.

Ein riesiger Keiler beugte sich über den leblosen Mops und hob ihn sanft mit seinen Stoßzähnen auf. Er grunzte leise. Langsam trug er den blutenden kleinen Hund in den an die Straße angrenzenden Garten von Amelie und Jan. Hatte der tapfere, kleine Hund nicht noch vor ein paar Minuten gesagt:

„Sieh mal, Keiler, da hinten ist mein Zuhause, da, wo die große Birke im Garten steht."

Dieser unglaublich mutige Mops tot? Nein, das konnte und durfte nicht wahr sein!

„Bitte, Keiler, wenn du mich verstehst, leg ihn ab", flehte eine Menschenstimme hinter ihm.

„Oh mein Gott, mein Mr.Fred, bitte, so helft ihm doch, er ist doch so klein und er blutet so schlimm und er bewegt sich gar nicht, oh mein Gott!"

Schluchzend kniete Ami neben ihrem kleinen Freund nieder. Eine Blutlache hatte sich gebildet, verursacht durch eine riesige Platzwunde am Kopf. Alle Tiere des Gartens hatten sich zwischenzeitlich versammelt und redeten aufgeregt durcheinander.

„Das ist Mr.Fred, der Keiler hat ihn gebracht, er ist verletzt." „Er wollte Hilfe holen." „Der Bus hat ihn erwischt." „Lebt er noch?"

Tiere und Menschen reckten und streckten sich, um einen Blick erhaschen zu können.

„Jan, oh Jan, mein kleines Freddelchen", wimmerte Ami. „Hätte ich ihn nur nicht allein gelassen, so sieh nich doch an, mein kleiner Freund!"

Vorsichtig drückte sie den schlaffen Körper an sich, um dann geschockt aufzusehen: „Er amtet nicht mehr!"

Schlagartig verstummten alle Stimmen. Köpfe senkten sich herab, Tränen begannen zu fließen.

„Lasst mich durch, schnell", hörte man eine energische Stimme. „Ich bin der Tierarzt!"

Kalle hatte sofort mit seinem Handy den Arzt gerufen, der nun mit großen Schritten auf Ami zu gerannt kam.

„Lege ihn vorsichtig ab, Ami."

Mit dem Stethoskop in den Ohren beugte er sich über den kleinen Mops. Bange, furchtbar lange Sekunden verstrichen, alle hielten vor Spannung die Luft an, ehe der Tierarzt leise seufzte: „Mr.Fred lebt! Aber es hat ihn schlimm erwischt, ich werde erst seinen Kreislauf stabilisieren müssen, dann.."

Weiter hörten Ami und Jan nicht mehr zu, sie stießen einen Freudenschrei aus und lagen sich weinend in den Armen.

Der Keiler laut grunzte laut: „Wenn schon unser Mops für dieses Unternehmen fast sein Leben lassen musste, so soll er es wenigstens nicht umsonst getan haben",mit diesen Worten schritt er hoch erhobenen Hauptes zu der Teichgrube und fing wie wild an zu graben.

„Helft ihm!"

Poseidon, der von seinem Bassin aus stumm zugesehen hatte, gab den Tieren ein Zeichen dem Wildschwein zur Hand zu gehen.

Menschen wie Tiere bewaffneten sich mit allen möglichen Grabewerkzeugen und stürzten der Grube entgegen. Ein wildes Graben und Schaufeln begann und jeder, der dieses Treiben beobachtet hätte, hätte an seinem Verstand gezweifelt, so irrwitzig war die gesamte Situation.

„Halt stop", rief Jan nun laut, „Mr. Fred wird jetzt erst einmal versorgt und wenn es ihm tatsächlich wieder besser gehen sollte, gelobe ich, den Teich wiederherzustellen! Ich weiß nicht, ob mich die Tiere verstanden haben, aber ich habe den Eindruck, sie können uns verstehen!"

Poseidon blubberte aufgeregt, die kleinen Eichhörnchen nickten und die Frösche quakten. Und tatsächlich zogen sich alle Tiere langsam von dem Teich zurück! Ungläubig sah sich die Mennschenmenge an. Die Tiere konnten sie tatsächlich verstehen! Von diesem Tag an sahen diese Menschen alle Tiere mit anderen Augen!

Einige Zeit später legte der Tierarzt seine Utensilien mit einem zufriedenen Lächeln in seine Tasche zurück.

„Er wird es schaffen, er ist ein robustes kleines Bürschchen, euer Mr.Fred!"

Jubel brandete auf, durch den Garten schallten fröhliche Menschenstimmen und ein wirres Durcheinander verschiedener Tierstimmen.

„Es hört sich fast so an, als würden sich auch die Tiere freuen" schniefte Amelie bewegt.

„Aber sicher tun sie das, Ami, mein Schatz. Man mag es uns glauben oder nicht, aber diese Tiere haben versucht, unseren Teich wieder in Schuss zu bringen. Und so wie es aussieht, hat Mr.Fred versucht, an höchster Stelle Hilfe zu holen, ohne auch nur eine Minute zu zögern. Er ist wahrhaftig ein Mops im Schafspelz."

Mittlerweile hatten sich sowohl der Keiler, als auch

die Maulwürfe, die Krähen, Boskoop, Nuss und Knacker, die Frösche und die vielen Spatzen um Mr.Fred gescharrt.

„Mops", blubberte Poseidon, „hiermit geloben wir wilden Tiere feierlich, dich als einen der unseren anzunehmen, dich nie wieder wegen deiner platten Schnauze, deines weichen Bettes, deines Dosenöffners oder sonstigen menschlichen Dingen zu hänseln!"

Mr.Fred hob langsam seinen Kopf und lächelte den Tieren erschöpft aber glücklich zu.

„Danke", war alles, was er herausbrachte, bevor er einschlief und von Ami in sein warmes, weiches, kuscheliges Bett getragen wurde.

Ende gut, alles gut

Später am Abend klingelte es an Amelie und Jans Haustür.

„Wer mag das sein? Ihr seid ja schon hier, Kalle und Tina", witzelte Jan.

„Sieh nach, dann weißt du´s", gähnte Kalle und fügte sich streckend hinzu „uhahaha, bin ich müde, jetzt bloß keine Aufregung mehr."

Aber daraus wurde nichts!

„Seht mal, wen wir hier haben!" kündigte Jan die zwei unerwarteten Gäste an.

Hinter seinem Rücken standen verschämt Lilly und Leon.

„Hallo, ihr zwei, solltet ihr nicht schon im Bett sein?" fragte Amelie verwundert.

„Ja, nein, also Mama meinte, eigentlich wir auch", stotterte Lilly, wobei ihr Kopf immer mehr einer Tomate glich, „wir haben es getan! Jetzt ist es raus, puh!"

„Wie bitte? Was habt ihr getan, mal immer schön der Reihe nach!"

„Na den Teich, Leon und ich haben zusammen mit Tequila und Sunrise den Teich sabotiert, weil doch Mama den Froschgesang nicht mag! Obwohl das so auch nicht stimmt, sagt Mama jedenfalls. Und dann haben wir unglaubliche Sachen gesehen, wie die Tiere anscheinend miteinander irgendwie geredet haben und versucht haben, den Teich zu retten. Es tut uns so leid und auch Mama meinte das mit den Fröschen nicht so."

Die Worte sprudelten nur so aus Lilly heraus, so dass es eine Weile dauerte, bis es Ami, Jan und den Freunden dämmerte, welches Geständnis sie da gerade hörten!

Ihr Teich war von den Nachbarskindern kaputt gemacht worden, weil die Mutter eine Froschgesang-Allergie hatte, oder ja nun doch nicht, oder wie auch immer!

„Nun ja, gut finden wir das bestimmt nicht, aber da ihr gestanden habt und es auch nicht wieder tun wollt, werde wir euch verzeihen. Es wäre vielleicht besser gewesen, bevor ihr diesen Unsinn machtet, mit eurer Mutter zu reden, ich glaube kaum, dass sie mit eurem Handeln einverstanden gewesen ist."

„Da hast du recht, Ami, sie hat schon sehr geschimpft und wir haben auch ein sehr schlechtes Gewissen, weil wir eben auch gesehen haben, wie die Tiere sich für den Teich eingesetzt haben, allen voran euer Mops! Also, wenn wir dann was helfen können, würden wir das gerne machen."

Aus dem „Stadtanzeiger" vom 15. Juni 2012

Ein seltsamer Einbruch, wobei man nicht eigentlich und eindeutig von einem Einbruch sprechen kann, ereignete sich in der Nacht vom 13. auf den 14.Juni 2012 im hiesigen Baumarkt.

Unter äußerst mysteriösen Umständen verschwanden ca. 30 qm Teichfolie, sowie das dazugehörige Vlies.

Kratz- und Hackspuren wie von großen Vögeln geben weitere Rätsel auf.

Anwohner berichten von unheimlichen Geräuschen gepaart mit dem seltsamen Verhalten ihrer Haustiere, die alle um die gleiche Zeit des nachts herausgelassen werden wollten, nur um dann gen Himmel zu sehen und lautstark zu bellen!

Hinweise, die zur Aufklärung dieses eigenartigen Falles führen, bitte an unsere Redaktion oder die Polizeidienststelle.

C.T.

Party

„Schneller, schneller, du schaffst es, Mr.Fred los, ah, ok,ok, es fehlte ein Stück, aber ein Mops ist ja nunmal auch kein Fisch", ausgelassen tanzte Amy durch den Garten und feuerte Mr.Fred an.

Die Einweihungsparty für den neuen, größeren Teich war in vollem Gang. Alle hatten mitgeholfen, den Teich endlgültig fertig zu stellen. Lilly und Leon hatten den Aushub weggetragen, die Mutter hatte Kaffee und Kuchen beigesteuert und Mr.Fred hatte von seinem Krankenlager wichtige Kommentare abgegeben.

Nun gab es Wettschwimmen mit den Fischen, Nüsse knacken gegen die Eichhörnchen und auch ein Konzert der Frösche standen auf dem Programm. So jedenfalls hätte man die Aktivitäten in dem Garten deuten können, aber niemand wusste so recht, ob die Tiere tatsächlich alles verstanden oder es einfach nur ein Zufall war, was sich in der letzten Zeit abgespielt hatte.

Nicht nur die Menschen hatten nicht schlecht gestaunt, als eines morgens plötzlich der Keiler samt seinen Frischlingen durch das Loch in der Hecke in den Garten einmarschiert waren.

„Meine kleinen Töchter und Söhne wollten unbedingt den unbestrittenen Helden dieser Geschichte noch einmal sehen. Und natürlich auch Poseidon, Flosse, den schwarzen Peter und all die Tiere, die an diesem Teichbau mitgewirkt haben!"

Der Keiler hatte sich nah an den Teich gelegt, die Kleinen quiekten vor Vergnügen, wenn Nuss und Knacker versuchten, sie mit ihren Nagezähnen freundschaftlich zu zwicken. Mr.Fred wurde herzlich eingeladen, wann immer er wolle, das große Wildschwein zu besuchen. So hatte man sich an diesem Tag voneinander mit herzlichen Worten verabschiedet.

In diese Gedanken hinein sagte Poseidon: „Lass die Menschen in dem Glauben, dass wir sie nicht verstehen, kleiner Mops, das ist besser für alle!"

„Ich denke, es wird das Beste sein, Poseidon, sonst bräuchte ich ja auch den Herzerweichungsblick nicht mehr einsetzen. Es ist immer sehr witzig, wenn meine Menschen rätseln, was ich denn nun wirklich will!"

„Bei einem müssen sie aber nicht mehr Rätsel raten und das ist, dass sie den tapfersten und mutigsten Mops der Welt haben!" sprach´s und verschwand mit Geblubber im tiefen Wasser des Teiches.

„Nun komm, mein kleiner Mops, raus aus dem Wasser, du erkältest dich noch. Man kann nicht vorsichtig genug sein...."

„Oh, Ami, nicht schon wieder", lachte Jan.

„Ups, ach ja, das darf ich ja nicht mehr sagen, er ist ja der härteste und mutigste Mops der Welt, unser Freddelchen!"

Ahhh, er hasste es, nein, ach er liebte es, wenn sie das sagte!!!!!

Alle Wunden, die er davon getragen hatte, waren sehr gut verheilt. Er hatte einige Zeit nur flüssige Nahrung zu sich nehmen können und das hatte er weitaus schlimmer gefunden, als die ihm verordnete Ruhe. Bei Sonnenschein lag er im Garten und bei Regen hatte er sowieso keine Lust auf Spaziergänge, Wunden hin Wunden her!

Nun erinnerten ein leichtes Hinken und eine verwegene Narbe auf dem Kopf an den furchtbaren Unfall. Bereitwillig und voller Stolz erzählte er jedem, der es hören wollte von seinem Abenteuer mit dem großen Keiler!

Fröhlich sprang Mr.Fred aus dem Teich und schüttelte sich ausgiebig. Er leckte seinem Frauchen hingebungsvoll durchs Gesicht und kuschelte sich tropfnass wie er war in Amis Arme, die ihn unter einer Quieksalve an sich drückte.

„Ach Jan, weißt du was?"

„Was denn nun, meine Süße?"

„Nächstes Jahr fahren wir alle zusammen in Urlaub, ich und du und Mr.Fred! Nie wieder lasse ich ihn allein, wenn ich ihn bei mir habe, können solche Abenteuer nicht mehr passieren!"

..... Wer weiß?....

Mein kleiner Mops Freddy hat mich zu diesem Buch inspiriert, ihm kann ich nicht danke sagen, er versteht mich nicht, oder????

Aber danken kann ich
Merlin Yolanda Steinhausen, die diesem Buch mit ihren wunderschönen Bildern einen einzigartigen Charakter verliehen hat!

Mehr von ihr zu finden auf facebook unter:

Portraits, Illustrationen & Gemälde auf Anfrage